超级聊天学

为中国人量身定制的口才实操指南

陈建伟◎著

中国华侨出版社

图书在版编目（CIP）数据

超级聊天学 / 陈建伟著. — 北京：中国华侨出版社，2015.3
ISBN 978-7-5113-4699-5

I.①超… II.①陈… III.①语言艺术 — 通俗读物 IV.①H019-49

中国版本图书馆CIP数据核字（2014）第113869号

• **超级聊天学**

著　　者 / 陈建伟
责任编辑 / 文　蕾
责任校对 / 孙　丽
经　　销 / 新华书店
开　　本 / 787毫米×1092毫米　　　1/16　　　印张 / 14.5　　字数 / 250千
印　　刷 / 北京盛彩捷印刷有限公司
版　　次 / 2015年4月第1版　　　　2018年1月第7次印刷
书　　号 / ISBN 978-7-5113-4699-5
定　　价 / 32.00元

中国华侨出版社　　北京市朝阳区静安里26号通成达大厦3层　　邮　编：100028
法律顾问：陈鹰律师事务所

编辑部：（010）64443056　　　传真：（010）64439708
发行部：（010）64443051
网　　址：www.oveaschin.com
E-mail：oveaschin@sina.com

在平时，或许你遇到过下面的情况：

早晨，你跑步回来，碰到了住在同栋楼里偶尔会照面的邻居也刚回来，他说了声"早"，你也立刻回了声"早"，然后你们一同走进楼道，可是走在后面的你却希望走得能慢些，因为你感觉实在不知接下来该跟邻居聊什么。

在去上班的路上，你碰到了不太熟的同事，于是两个人一起往公司走去，可是，由于不是特别熟悉，不知该聊些什么好，只能沉默以对。这时，你是否觉得超级尴尬呢？

在进入公司电梯里时，你碰到了上司，在那个密闭的空间里，你是否紧张得心跳加速，不知该和上司说些什么呢？

……

"不知聊些什么好？"有这种烦恼的人应该很多，其实在上面提到的那些场合中，需要发挥的并不是你要有多么好的讲话技巧，而是聊天的能力。

聊天是日常生活中最常见的交流方式，在闲暇之余，在工作之中，都可以聊天。人和人之间的交往也都是从聊天开始的。

聊天的本质是天南地北、自由随意。也许有些人认为聊天都是漫无目的的，是浪费时间的，然而事实并非如此。有些人就能在看似无心的聊天中达到自己的目的，比如闲聊中的一句话就可以交到一个朋友，或谈成一笔生意！

这些人就是会聊天的人。这些聊天高手能给陌生人留下良好而深刻的第一印象，和陌生人熟识起来，为以后的进一步交往做好准备；他们知道在面对上司和同事时该聊些什么，从而深得上司的青睐和同事们的喜欢；在面对客户时，他们能轻易赢取消费者的心，从而顺利地把产品推销出去；在谈判中，他们善于营造欢乐的聊天氛围，从而打破紧张和尴尬，进而达到谈判的目标……

此外，具备聊天的技巧，还能不断地拓展人际关系，扩大社交范围，从而推动自己的事业更好地向前发展。

然而，聊天的本能人人都有，可是聊天的学问不一定人人都能掌握得好。不过，您也不用担心，聊天的学问是只需要通过学习，就能具备的能力。而本书正好能帮上您的大忙。

本书通过实例分析了聊天高手的必备修养，传授您打破沉默的聊天方法，教您运用巧妙的聊天方式来展开与接续，进而培养出让场面热络起来的聊天能力。您只要依照本书的方法循序渐进地修习，就一定能够成为聊天高手，交际大王。

目录

初阶：第一次聊天不冷场
——轻松交友的攀谈方式

第1章 巧妙攀谈，一分钟和陌生人成为朋友

第2章　不着痕迹的赞美

第3章　应对聊天冷场的救命6招

第4章 提问是掌控一场对话最好的方法

第5章 玩转幽默，做个最受欢迎的人

第6章　聊天有禁忌，小心祸从口出

&:::#　>":-)

高阶：各种场合轻松应对的闲聊技巧
——超级聊天能力提升训练

第7章　销售有绝招：打开顾客心扉的9招

第8章　私交有"话道"：8招，让亲密关系更进一步

&:::#

第9章 "拒绝他" ≠ "得罪他"

后记

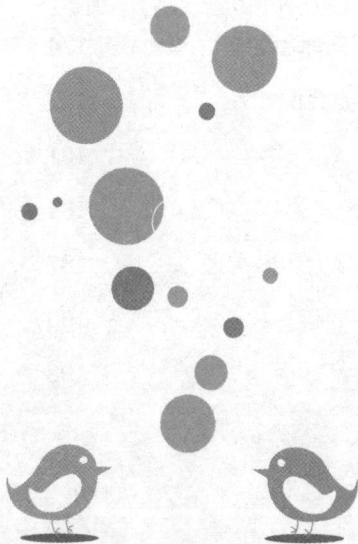

初阶：第一次聊天不冷场
——轻松交友的攀谈方式

俗话说，朋友多了路好走。的确，在现代社会中，人际关系尤为重要。良好的人际关系能够让我们在生活中和事业上游刃有余、面面俱到。那么，怎样才能更好地拓展人际关系呢？答案很简单，就是巧妙攀谈。只要掌握下面介绍的方法，就能让你初次与人见面也能聊，自在结交新朋友！

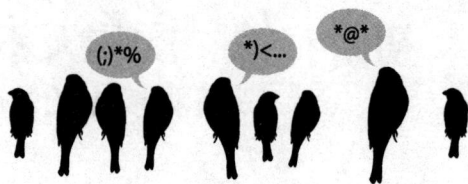

超|级|聊|天|学
ChaoJiLiaoTianXue

第1章

巧妙攀谈，一分钟和陌生人成为朋友

蒙田

交谈比生活中任何其他举动更为美妙。

伏尔泰

当一个人无话可说时，一定说得十分拙劣。

莎士比亚

宁可因寡言被人谴责，不要因多言为人所嗔怪。

称呼对了，给他人留下好印象

称呼往往是一个人身份、地位、能力的象征，而恰当地称呼别人则是一个人修养、情感、智商的综合体现。很多人会莫名其妙地攀谈失败，究其原因可能就是疏忽了称呼，让自己吃了大亏。会称呼别人，我们才能够给他人留下好印象，让对方对自己备感亲切，同时也会为自己带来攀谈的成功。

中国自古就是礼仪之邦，凡事讲究礼仪。日常生活中，许多人都不注意称呼的运用。殊不知，称呼里有很重要的学问，称呼准确、得体与否，有时可以决定一件事情的成败。

例如，如果我们要与人聊天，不管对象是谁，总得以一个合适的称呼开头，它就像一把人际交往的钥匙，能够帮助我们进入人际交往的大门。称呼得体，可使对方感到亲切，聊天就有可能顺利进行；称呼不得体，往往会引起对方的不快甚至愠怒，让双方陷入尴尬境地。

有一个小伙子正在人烟稀少的地方骑车赶路，眼看快到中午了，便急着要找一个饭店吃点饭。忽然，他看到一个老汉路过，便停下来问道："喂！老头，这儿离饭店还有多远？"老汉十分不高兴，随意答道："五里！"小伙子听后急忙赶路去了，可一口气骑了十几里，仍然没有看到饭店。他暗想：这老头儿肯定是在骗我，一定要回去教训他一下。他一边想着一边自言自语道："五里，五里，什么五里！"突然，他醒悟过来了，"五里"不是"无礼"吗？想到这里，小伙子便掉转头往回骑。他追上那位老人，急忙停下来，亲热地叫了声"老大爷"，话没说完，老人便说："最近的饭店已走过去了，还是到我家吃个便饭吧。"

这是一个流传很广的故事，它通俗而明白地告诉人们在交谈时讲究礼貌的重要性。"人而无礼，不知其可"，粗俗的言行与得体的礼貌将产生截然不同的交谈效果。

其实，在日常生活中，只要我们能用好称呼，让对方听着舒服，对方就自然愿意与我们多交流；相反，如果我们称呼得不好，让对方听着反感，对方就自然不愿意和我们说话。

在各种场合和工作中恰当地称呼别人，对于每一个人来说都是十分重要的。准确地称呼别人不仅是一个人有素质、有礼貌、有品位的体现，还是正确与人交流、交往的重要前提。如果一个人总是大呼小叫、无名无姓或"喂喂喂"地称呼别人，别人自然不会乐于理他。

称呼往往是一个人身份、地位、能力的象征，而恰当地称呼别人则是一个人修养、情感、智商的综合体现。很多人会莫名其妙地交谈失败，究其原因可能就是疏忽了称呼，让自己吃了大亏。会称呼别人，我们才能够给他人留下好印象，让对方对自己备感亲切，同时也会为自己带来攀谈的成功。

那么，该如何合理地称呼对方呢？主要需要考虑以下几点：

1. 考虑职业

一般来说，对工人、司机、理发师、厨师等称"师傅"；对农民，应称"大爷""大娘""老乡"；对医生应称"大夫"；对教育和文化行业的人，如教师、编辑等，可称"老师"；对国家干部和公职人员、解放军和民警，最好称"同志"；对外企经理、外商、外籍华人最好称"先生""小姐""太太""夫人"等。

2. 考虑年龄

见到年龄较大的人，要呼尊称，如"老爷爷""老奶奶""大叔""大娘""老先生""老师傅"等。同龄人可以随意一些，如可称呼"哥们儿""兄弟""姐""小妹"等，对待异性常用"帅哥""美女"等活泼的称呼，但这样的称呼也可能让别人怀疑你另有企图，一定要看清状况。

3. 考虑身份和场合

在与一些领导、上级开始接触时，最好以头衔相称，如"王经理""田厂长""李校长""张局长"等，尤其是在正式场合，更应如此。

第一句开场白要说得闪亮亮

两个素不相识的人要想在很短的时间里产生心灵上的共鸣，最重要的莫过于说好第一句话。因为说好第一句话能给人一种友好、亲热且贴心的感觉，从而快速消除彼此间的陌生感。

不管在什么场合，第一印象对人都非常重要，而如何与陌生人说好第一句话，也关系到能否打破初次交往的心理障碍。如果开场白很精彩，能引起对方的共鸣，那么双方就会因此很快"打成一片"，就很容易接近了。

可是，现实中，有些人的胆子非常小，不敢主动向对方问好，特别是向陌生人问好。其实，这并不是一件难事，只需抛弃自己胆怯的心理，大胆地跟对方说："我一直想和你说话，可是我很怕接近你。"这种单刀直入的话语，大多数情况下对方很难拒绝。这是一种最有效率的沟通方式，能让我们快速打破沉闷的局面。因此，说好第一句话至关重要。

那么，当与陌生人见面时，怎样做到说好第一句话呢？常见的主要有以下三种方式：

1. 通过亲友关系拉近彼此的距离

一般情况下，任何两个陌生人之间倘若仔细进行一番交流，总能找到一

些或近或远、或明或暗的亲友关系。假如你能在与对方见面之前多花一些时间，发现与对方的某种联系，那么就能大大缩短双方的心理距离，使对方感觉亲切。

美国的里根总统在访华的过程中就曾用过这种方式。在1984年夏天，美国总统里根受邀访问上海的复旦大学。在一间偌大的教室里，里根总统看着台下100多名初次见面的复旦学生，他的开场白是这样的："其实，我和你们的学校有着比较密切的关系。你们的谢希德校长和我的夫人南希都是美国史密斯学院的校友。由此看来，我和各位自然也就算得上是朋友了！"

话音刚落，全场便响起了雷鸣般的掌声。短短的几句话，瞬时增加了彼此之间的友好关系。因此，在日常的交际中，我们也可以利用这种寻找彼此联系的方式，有意识地拉近和对方的距离，从而使彼此之间的交流更加顺畅地进行下去。

2. 采用问候式让人产生亲切感

"您好"是向对方问好致意的常用语。不过，如果能根据时间、对象的不同而使用不同的问候语，效果将会更好。

比如，当面对德高望重的长者时，你可以这样说"您老人家好"，以表示敬意；当面对跟自己年龄相仿者时，可以说"老×（姓氏），您好"，这样显得更亲切；当对方是教师或医生时，可以说"田医生，您好""李老师，您好"，这样能让人产生受尊重感；当过节期间，则说"过节好""新年快乐"，对人致以节日的祝福；而早晨的时候说"早上好""您早"则比"您好"要显得更加具体些。

3. 用敬慕式话语给人一种贴心感

对初次见面的人表示敬重、仰慕，这是热情有礼的表现。但是，用这种方式时，一定要注意把握好分寸，恰到好处；不能胡乱吹捧，不要说"久闻大名，如雷贯耳"之类的过头的话。

表示敬慕的话一定要依据时间和地点的不同而有所不同。比如：

"今天是教师节，在这个特别的节日里，能见到您这样颇有名望的教师，我感觉真是荣幸之至！"

"您的艺术品我曾经欣赏过很多遍，受益匪浅。没想到今天竟然能在这里一睹艺术家的风采！"

总之，你一定要记住，与陌生人见面的第一句话是叩开对方心扉的敲门砖，也是让人产生对你一见如故的秘诀，因此，一定要重视并说好它。

来一段华丽丽的自我介绍

> 自我介绍是人与人良好交流的开始，是人际交往的关键环节。在陌生的场合，面对陌生人，要想让你的形象在他们心中深深地扎下根，你必须学会自我介绍。它是你在陌生场合取悦陌生人的秘籍。

人和人之间的交往，从陌生到熟悉，往往都是从自我介绍开始的。自我介绍是向别人展示自己的一个重要手段，自我介绍做得好不好，直接关系到你给别人第一印象的好坏以及日后交往的顺利与否。

可能有人会说，做自我介绍很简单啊，人人都会。然而并非如此，事实上很多人做得并不理想，以至于把自己介绍了半天，对方仍然不了解你是一个怎样的人，自然也就不会留下什么印象了。

那么，什么样的自我介绍才能把你这个人深刻地印在对方的脑海里，让对方尽快地对你产生好感，并愿意继续和你聊下去呢？一般来说，应当注意以下几个方面：

1. 要有自信心

在日常生活中，有些人怕"生"，见到陌生人，思维就僵化了，变得呆若木鸡。本来伶牙俐齿的，结果变得结结巴巴了。这种状况怎能介绍好自己呢？要克服这种胆怯心理，关键是要有自信。有了自信心，才能介绍好自己，给别人留下好的印象。

2. 态度要真诚自然

有人把自我介绍称为自我推销。既然推销产品时需要在货真价实的基础上做宣传，那么推销自我时也不能不顾事实而自我炫耀。因此，做自我介绍时，最好不要用"很""最""极"等表示极端程度的词汇，给人留下不好的印象，真诚自然的自我介绍，往往能使自己的特色更闪闪发光，引起人们的注意。

著名的戏剧表演家王景愚是这样做自我介绍的："我就是王景愚，表演《吃鸡》的那个王景愚，愚公移山的愚。人称我是多愁善感的戏剧家，实在是愧不敢当，我只不过是一个走火入魔的'哑剧迷'罢了。你看我40多公斤的瘦小身材，却经常负荷许多忧虑与烦恼，又多半是自找的。我不善于向自己敬爱的人表述敬与爱，却善于向所憎恶的人表述憎与恶，然而胆子并不大。我虽然很执拗，却又常常否定自己，否定自己既痛苦又快乐，我就生活在这痛苦与快乐的交织网里，总也冲不出去。在事业上，人家说我是敢于拼搏的强者；而在复杂的人际关系面前，我又是一个心无灵犀、半点不通的弱者。因此，在生活中，我是交替扮演强者与弱者的角色……"

你们看，这位表演艺术家的自我介绍是多么的机智巧妙，同时又不乏谦虚、诚恳，是不是很容易就引起了你的好感，并产生了与之进一步结识的愿望。所以，自我介绍不一定要口吐莲花，人与人交往最重要的就是态度真诚，做到了这一点，相信你会给更多的人留下深刻的第一印象。

3. 语言要幽默生动

在自我介绍时，语言生动、幽默风趣能给别人留下更加深刻的印象，同时也比较容易引起人们的好感与认同，产生与之接近的愿望。

著名歌唱家克里木在一次演唱会上的自我介绍就很有新意，给人留下了难忘的印象。他说自己12岁开始便骑着心爱的小毛驴走南闯北，为了接受青年朋友的善意批评，忍痛放弃了那条落后于时代的小毛驴，从国外买了辆进口车开到演出场地。说到这儿，他停了片刻，又说："你们猜是什么牌子的车？那是印度的大篷车！"克里木就是从现场观众对他印象最深的曲子电影《阿凡提的故事》的插曲联系到小毛驴，再从小毛驴说起，不落俗套，语言风趣幽默。

可见，自我介绍应当独辟蹊径，从独特的角度，选择使对方感到意外、又觉得顺乎自然的内容，采用活泼的语言把自己"介绍"给别人。

4. 要考虑对象

自我介绍的目的是要给对方留下一个好印象，引起初识者的兴趣。因此，交往对象不同，介绍的重点也不一样。你要研究对方的想法，对于他来说，你的价值在哪里。所以价值，就是让对方觉得你是一个有价值的人，是一个值得结交的人。

日本交际专家大串亚由美在授课时的"自我介绍"就非常有特色，并且她还根据不同类型的学员设计了两个不同版本的"自我介绍"。

一个是这样介绍的："大家早上好，我是世联公司的大串亚由美。'大'是大小的大，串是'两个口一竖'的串。我的特长是早起，我的人生目标是成为一个有价值的人，希望大家在经过我的培训后，能够取得一些有效的收获。因此，我一定会竭尽全力。今后还要请大家多多配合，在此，我提前向大家表示由衷的谢意。"

另一个是这样的："早上好，我是大串亚由美。作为大家的讲师，我的优势在于拥有丰富的培训经验。我几乎每天都有培训任务，去年一年我一共做了275

天培训。我的人生格言是'勤勤恳恳，决不懈怠'。今天的培训，我会竭尽全力，为大家提供尽可能多的帮助，还希望大家能够积极配合，踊跃参与。"

在这两个版本的"自我介绍"中，对于那些形象思维较强的学员，她多采用第一种；对数字概念比较强的学员，她则多采用第二种进行自我介绍。不管哪一个，她都把自己所有有价值的信息传达给了学员，给大家留下了深刻的印象。

总之，自我介绍是人与人良好交流的开始，是社交的关键环节。在陌生的场合，面对陌生人，要想让你的形象在他们心中深深地扎下根，你必须学会自我介绍。它是你在陌生场合取悦陌生人的秘籍。

90秒吸引对方，你能做到吗

常言道，好的开始是成功的一半，在人际交往中第一印象极其重要，不管是与朋友第一次见面，还是第一次求职，或者第一次相亲，都应尽量给别人留下良好的印象，从而为自己争取到更多的优势，为以后更深入的人际交往起到事半功倍的作用。

在人际交往中，人们历来都很重视给对方留下良好的第一印象。这是因为给人的第一印象对一个人形象的形成起着先入为主的作用。人际关系专家认为，良好的第一印象，既是一张最好的社交名片，又是一张最有权威的介绍信。

你给初识者最初的"前90秒"印象，会永久地影响对方对你的看法，甚至直接影响对方是否愿意继续与你交往的决定。因此，在与陌生人交流时，一定要把握好这"前90秒"。如果把握不好，第一印象肯定不好，如要挽回，则需要付出很大的努力。因此，每个人都应当重视这一点。

那么，怎样做才能给他人留下良好的第一印象呢？你只需掌握以下方法就可以了。

1. 注意自己的装扮

注意自己的装扮，并不是说要在所有人中间穿戴得最昂贵、最华丽，而是应当穿得符合时宜，特定场合穿特定的衣服。

人际关系专家们认为，人们在参加社交活动之前对衣饰应注意六点：鞋擦干净了没有；裤子拉链拉好没有；衬衫扣子扣好了没有；胡子刮过了没有；头发梳好没有；衣服有皱褶没有。

有一家保险公司的市场调查人员发现，他们对农民进行劝说买保险时，穿戴整齐的比穿得不好的业绩上要好得多。可见，尽管农民们由于职业的原因，不能像职业人员那样穿得衣冠楚楚，但是对穿着整齐的人，还是会更加信赖的。

所以，当我们和陌生人进行交谈时，一定要注意穿着得体。

2. 放松心情

也许你会有这样的感受，即与陌生人见面时，多多少少都会有一些紧张感或不自在感。那么，从现在起，你要记住，要想让别人感到轻松自在，首先你自己就必须表现得轻松自在。不管遇到什么严重的事情，心理上都要尽量放松。你可以学点幽默，不要总是神色严肃，或做出一副永远苦闷的样子。因为任何人都是不愿意挨批评或做你的出气筒的。你应该把心情放松一下，否则他人会对你感到厌倦。

3. 注意目光的交流

当双方的目光碰触到一起时，就是真正的心灵接触，那表明你愿意敞开心扉。因此，在与陌生人说话时，应当注意与他进行目光交流。这不但表明你对对方的关注，也能表明你内心的诚恳和积极的交往态度。

当然，在一对一的交谈中这样做很容易，可是，如果面对着坐满了人的房间，又该如何呢？你不妨自然地举目四顾，并且面带微笑，用目光照顾到所有的人，保持跟众人的目光接触，这样会令你感到更加轻松自在。

当然，笑容也很重要。最好的笑容要求目光接触都是温和自然的，并不是勉强做出来的。

4. 把手握好

握手表面上看好像是一件简单的事情，可实际上并不简单，因为这是你和陌生人第一次直接的身体接触。倘若把握得好，将会直接提升你在对方心目中的形象和地位，有时还会为你创造奇迹。

不过，在与对方握手之前，一定要注意一些事项。假如你的手有点出汗，应先想办法把它擦一擦，表示对对方的尊重。握手的时候不要软弱无力，否则对方会认为你这个人没有诚意。当然，握手也不要太用力，不能猛地一把抓住对方的手，也不可以长时间地握着，尤其是对于女性，对方会认为你不懂礼节。总之，简单、有力才是最好的握手方法。

5. 保持自我本色

那些懂得与人交往的人，永远不会因场合不同而改变自己的性格。保持最佳状态的真我才是给人留下美好印象的秘诀。不管是与人亲密聊天，还是发表演说，都要保持自己的本色不变。

掌握了以上的方法，你会知道如何更有效地利用"前90秒"的时间来表现自己。当你把自己内心良好的沟通意愿传递给对方时，一个良好的沟通也就正式开始了。

迅速找到共同话题

有共同爱好的人，在谈论到双方都感兴趣的事情时，往往会一见如故，甚至会有相见恨晚的感觉。所以说，"投其所好"能够迅速地获得对方的认同，拉近彼此之间的距离，从而让交流进行得更为顺畅。

为了能够成功地与陌生人进行交谈，我们不但要善于把自己内心的良好沟通愿望传递给对方，给其以足够的关注，还应主动地去发现对方感兴趣的东西，并把它作为进一步交流的切入点，这即是所谓的"投其所好"。

"投其所好"能够迅速地获得对方的认同，拉近彼此之间的距离，从而让交流进行得更为顺畅。有着非常宽阔的胸襟，能够包容一切，而且还能从别人所喜欢的东西及热衷的事业中发现价值，然后抱着学习新知识、掌握新信息的心态去发掘新的交谈话题，把话说到对方的心坎里，从而让对方产生好感，最终成为交际达人。

美国著名总统西奥多·罗斯福在没有成为总统之前，参加了一次在奥马哈举行的宴会。当时身为民主党的他，在这个宴会上遇到了众多不认识的共和党人士。因为不熟悉彼此，所以在宴席间，大家都是礼节性的应酬，并没有什么实质的交流。

当时的罗斯福正准备参加总统选举，所以他想借这次机会多结识一些共和党人，但是自己并不熟悉这些人，怎么办呢？这时，罗斯福看到，在宴会上，有一位罗斯瓦特博士，他交友广泛，想必对这些人较为熟悉。于是，罗斯福悄悄地凑到罗斯瓦特博士身边，向他一一打听这些陌生人的背景和大致情况，还特别询问了他们的喜好。

一番详细而快速的了解之后，罗斯福开始游走到他们中间。他与那些人逐一攀谈，并总是根据对方的情况来对一些细小的事发问，表现出极大的兴趣和好奇心。那些人见罗斯福如此了解自己，还这么有兴趣，都觉得非常高兴，与罗斯福交谈甚欢。显然，罗斯福最终达到了自己的目的，他获得了这些人的好感与支持。

由此可见，如果条件允许的话，多了解一些交谈对象的情况，十分有助于我们找到对方感兴趣的话题，从而让交流顺利进行下去。当然，这对于"即兴"交谈者来说就不太适用了。因为在大多数情况下，一个人往往把自己最注重的东西藏在内心深处，只有亲朋好友才知道。因此，这就需要我们随处留心注意，并随时挖掘。

一向精明的李先生非常生气，因为他最喜爱的一件新外套被洗衣店的人熨了一个焦痕。他决定找洗衣店的人赔偿。可麻烦的是那家洗衣店在接活时就声明，洗染时衣物受到损害概不负责。与洗衣店的职员做了几次无结果的交涉后，李先生决定面见洗衣店的老板。

进了办公室，李先生看到高高在上的老板面无表情地坐在那儿，心里就没有好气。他大声地说道："先生，我新买的衣服被您手下不负责任的员工给熨坏了，我来是要求赔偿的，它值1000元。"

那老板看都没看他一眼，冷冷地说："接货单子上已经写清了，损坏概不负责，所以我们没有赔偿的责任。"

出师不利，冷静下来的李先生开始寻找突破口。他突然看到老板背后的墙上挂着一支网球拍，心中便有了主意。

"先生，您喜欢打网球啊？"李先生轻声地问道。

"是的，这是我最喜欢也是唯一的运动了。你喜欢吗？"老板一听网球的事，立刻来了兴趣。

"我也很喜欢，只是打得不好。"李先生故作高兴且一副虚心求教的样子。

那位老板一听，更加高兴了，好像碰到知音一样，与李先生大谈起网球技法和心得来。谈到得意处时，老板甚至站起身做了几个动作。而李先生则在旁边大加称赞老板的动作优美。

激动过后。老板又坐了下来。

"哎呀，差点忘了！你那衣服的事……"

"没关系，跟您上了一堂网球课。我已经够了！"

"这怎么行！小王，"一个年轻人跑了进来，"你给这位李先生开张支票吧……"

李先生就这样轻松地达到了自己的目的。可以说，他是一位察言观色的高手。他从对方感兴趣的事物入手，投其所好，消除对方的心理戒备，从而博得对方的好感与信任，使成功变得愉快而简单。

然而，需要注意的是，"投其所好"时，一定要对别人的爱好把握准确后再出手。否则，不但达不到应有的效果，还会很容易被对方识破"居心"，适得其反。

主动些，人人都在渴望被关注

在人生的道路上，仅凭一己之力打拼，很难获得成功。一个人的成功离不开众多朋友的支持与帮助。所以，在我们的人生中，赢得朋友尤为重要，而我们面对匆匆而过的人们，往往会感到陌生和困惑，好像很难与其沟通。这时我们就需要掌握一种与陌生人交往的方法——主动伸出友谊之手，你会发现结识新的朋友是一件让人感到很愉快的事情。

生活中人人都需要友谊，希望能拥有更多的朋友，没有人能独自在人生的海洋中航行。可是朋友是由陌生人发展而来的，有很大一部分朋友是萍水相逢认识的。比如，在熙来攘往的街道上，在拥挤不堪的地铁或公交车上，在风光秀丽的景区或者是一个小型聚会中，凭一个会心的微笑，一声礼貌的问候，几句得体的幽默话等，你都可以与他人相识。其中最关键的是，你得主动伸出友谊之手，打开对陌生人关闭着的心灵之门。

朋友多的人与朋友少的人的区别之一就是朋友多的人能够主动去结识陌生人，而主动结识陌生人并不难，只要你能主动向对方伸出友谊之手，你会发现结识新的朋友将是一件令人愉快的事情。

那么，具体应该怎么做呢？

1. **慷慨地给予帮助**

小王毕业后只身来到北京，在一家国企找到了工作。可是他没有住处，租房又很贵。同事小张见他愁眉不展，便问他怎么了。

当他知道小王没有住处之后，坦率地对刚认识的小王说："如果你不嫌弃，就去我那儿搭个铺吧，住个一年半载也没问题。"

看到小张如此慷慨，小王的心里感觉很温暖，心想这个人绝对是一个值得深交的朋友。

就这样，他们两个人有了一种心灵上的默契感，很快就成为了无话不说的好朋友。

一般来说，初次见面或不太熟悉时，没有人愿意帮助有困难的陌生人，因为他们不了解对方的为人。虽然这种想法有一定的道理，可事实上，这样就会把自己结识别人的大好机会给赶跑了。善于聊天的人是不会这么想的，他们认为"与人方便，自己也方便"，只有放下顾虑，慷慨地对待别人，才能赢得别人的好感与感激。

2. **主动关心，善于倾听**

刚刚大学毕业走入社会的小李在一家咖啡馆里喝咖啡，她见旁边的一位中年大姐正在独自深思，这激起了她的好奇心，便找话跟她交谈说："大姐，你怎么了？看你好像热得不舒服，来杯咖啡喝吧。"

那个人笑着答道："谢谢，我这儿有。你是不是觉得我有些无聊啊？说句不怕你笑话的话，有的时候我真希望能重新开始我的人生，那样我就能以另一种方式来生活了。"

小李听后很诧异，说："你这指的是什么？能和我聊聊吗？"

中年人缓缓地说："以前，我从不相信任何人，包括亲人、朋友，到头来得到的，只有我孤家寡人一个。也许你都不会相信，我这20多年都没有见过任何一个家人了……"

这个中年人把小李当成了一个可以倾诉的对象，慢慢地诉说着自己的过去，小李则把她的过去当成了一堂教育课耐心地听着。虽然两个人素昧平生，可是却成为了好朋友。

每个人都渴望有可以倾诉的对象，而你要想成功结识陌生人，那就要对其表示出关心，设身处地为对方着想，把自己放在其次，专心聆听对方说话，让别人说出心声。

3. 主动寻找话题，消除对方的紧张感

有一个大学毕业生被分配到一个出版社工作。报到时很腼腆，于是单位的老同志就主动地问她："你是哪个学校毕业的呀？"新来的她就不好意思地回答道："我毕业于××学校……"

事实上，对于这个问话，老同志早做好了准备：如果她毕业的学校不是名校，他会说："没关系，很多成功人士都不是什么名牌学校毕业的，以后可以在工作中继续学习，工作实践很重要。"这样新职员听了就会很高兴，并且受到了很大鼓舞。而如果她是毕业于著名学府，他则会说："你真棒，毕业于那样一所名牌大学！""你在学校学的什么专业，你们学校的管理怎么样……"

老同志知道，对于刚毕业的学生来说，他们总是会喜欢谈及自己的母校。这样就可以消除刚刚报到的大学生的腼腆紧张的心理，对母校的感情会让他们一下子变得健谈起来。

有些人天生比较腼腆，不爱说话，这时你就应该主动去寻找话题，以消除他的紧张感，从而让交流顺利进行下去。

　　总之，朋友相交，重在交流。所以，在和陌生人聊天的过程中，一定要想办法激起对方的谈话欲望，只有这样，才能彼此加深了解，从陌生走向熟悉，进而成为朋友。

超级聊天学
ChaoJiLiaoTianXue

第2章

不着痕迹的赞美

汪国真

一个永远不欣赏别人的人，也就是一个永远也不被别人欣赏的人。

无名氏

一句温暖的语言，暖和了漫长的冬天。

莎士比亚

赞美是照在人心灵上的阳光。没有阳光，我们就不能生长。

多赞美，更要赞美得"有依据"

你要知道，当你夸一个人"真棒""真漂亮"时，他的内心深处就会立刻产生一种心理期待，想听听下文，以求证实："我棒在哪里？""我漂亮在哪里？"此时，你如果没有具体化的表述，就会让对方非常失望。所以，你就应该证明给他看。

在这个世界上，所有人都渴望被人赞美，无论是咿呀学语的孩子，还是白发苍苍的老人，因为人都有一种被人肯定、被人赞美的欲望。正如西方一句谚语所说的："赞美好比空气，人人不能缺少。"

美国历史上第一个年薪过百万的管理人员叫史考伯，他是美国钢铁公司的总经理。记者曾经问他："你的老板为什么愿意一年付你超过100万的薪金，你到底有什么本事？"史考伯回答："我对钢铁懂得并不多，我的最大本事是我能使员工鼓舞起来。而鼓舞员工的最好方法，就是表现真诚的赞赏和鼓励。"说穿了，史考伯就是凭他会赞美人，而年薪超过100万。赞美是说话的艺术，合乎人性的法则。不过，赞美别人时，一定要把赞美的话说具体，那样才显得真诚，才能使人感到开心、快乐。

王小姐是一个大型企业的总裁秘书，有三个客人都跟她说想要见她的领导。

第一个客人对她说："王小姐，你的名字挺好的。"当时王小姐心里特想听听她的名字好在哪儿，结果，那位客人不再说了。王小姐感觉那个人不真诚。

第二个客人说："王小姐，你的衣服挺漂亮的。"王小姐立刻想听听她的衣服哪里漂亮，结果也没了下文，话还是没有说到位，让王小姐很失望。

第三个客人说："王小姐，你挺有个性的。"当王小姐想知道自己到底有什么样的个性时，那个客人接着说："你看，一般人都是把手表戴在左手腕上，而你的戴在右手腕上……"王小姐听后，感觉自己确实有点与众不同，很高兴，于是就让第三个客人见了她的领导，结果签了一个10万元的单子。这个10万元对于第三个客人来说，是很大的一笔生意。

上例中前两位客人由于赞美的话都是泛泛之词，只有第三位才把赞美的话具体化，从而最终签成了大单。可见，赞美之词应当讲究具体才行。

你要知道，当你夸一个人"真棒""真漂亮"时，他的内心深处就会立刻产生一种心理期待，想听听下文，以求证实："我棒在哪里？""我漂亮在哪里？"此时，你如果没有具体化的表述，就会让对方非常失望。所以，你就应该证明给他看。而像"你太漂亮了，你真棒，你真聪明"之类的赞美，比较笼统、空洞，缺乏热诚，有点像外交辞令，太程式化，会给人一种敷衍的感觉，有时甚至有拍马屁的嫌疑，会让人怀疑你的动机不纯，容易引起对方的反感与不满。

但是，如果你能详细地说出她哪里漂亮，他什么地方让你感觉很棒，他怎么聪明，那样，赞美的效果就会大不相同。因为具体化可视、可感觉，是真实存在的，对方自然就能由此感受到你的真诚、可信。因此，赞美只有具体化，才能深入人心，才能与对方内心深处的期望相吻合，从而促进你和对方的良好交流。

那么，我们如何观察才能发现对方具体的优点，并用恰当的语言表达出来呢？

1. 指出具体部位，说明特点

我们可以从他人的相貌、服饰等方面寻找具体的闪光点，然后给予评价。

比如，当你赞美一位女士时说"你太漂亮了"，不如说"你的皮肤真白，你的眼睛很亮，你的身材真高挑，在美女群中很抢眼……"她的脑海里就会马上浮现出"白皙的皮肤，美丽的眼睛，苗条的身材……"这样，你的赞美之词就会让她难以忘怀。

2. 结合名人作比较

对于外表的赞美，倘若能结合名人来作比较，效果会更好。社会名人和明星往往是大家喜欢甚至崇拜的对象，他们的知名度也比较高。如果你想夸赞某人，若能指出他的整体或某个部位像哪一位名人或明星，自然就提高了他的形象。

3. 列举事实，说出感想

用事实作根据，从而引申出对性格、品位、气质、才华等方面的赞美。比如下面的例子：

当你看到一位女士佩戴的珍珠项链，你可以这样赞美她："您真有品位，珍珠项链显得自然高贵，英国的戴安娜王妃就最喜欢珍珠首饰了。"

当你看到同事家挂在墙上的结婚照时，可以这样说："你应该多送你太太聘礼。"同事不解地问："为什么？"你若这样解释："因为你娶了一位电影明星啊。"他听到这样的夸赞后，心里一定美极了。

说一个对比式赞美，真实又有好效果

> 如果一个人成功了，你否定他的过去，事实上就更能彰显出他现在的成就。所以，平时你在和别人聊天时，也可以运用"先抑后扬"的方法，从否定到肯定的评价，不但能增强谈话的吸引力，而且还显得真实可信。

相信大家都清楚，在与人们的交往过程中，要想赢得别人的好感，就应该多赞美别人，不要轻易地否定对方。不过，有一种形式的否定，对方是能够接受的，那就是先抑后扬式，即先否定他的过去，再肯定他的现在。

那什么是先抑后扬式赞美呢？像下面的话就是，比如：

"我觉得你早期的作品率直可是过于感性，而后期的作品不但真诚而且理性，并且更具有思想性。"

"我记得你以前的车技一般，现在怎么开得这么好啊！"

"最初我觉得你这个人有些清高，不过时间长了，我发现你其实是挺随和的一个人，我喜欢你这样的人，比较真实。"

如果一个人成功了，你否定他的过去，事实上就更能彰显出他现在的成就。所以，平时你在和别人聊天时，也可以运用"先抑后扬"的方法，从否定到肯定的评价，不但能增强谈话的吸引力，而且还显得真实可信。

但是，在运用这个方法时，需要注意的是，前面的否定是为了后面的肯定做铺垫的，因此，若前面抑得过低的话，后面必须扬得意外，才会有好的效果。

有一个关于唐伯虎的民间故事说的就是这个道理。

一豪绅为了给老母祝寿，大摆筵席，请唐伯虎赴宴。酒酣耳热之际，各位宾客都纷纷表示祝贺，说了很多华贵的绮丽贺词。此时，即使再美好的辞令也会显得很平常。

这时，唐伯虎来了一回"耸人听闻"，他为主人献上了一首诗。只见唐伯虎慢条斯理地对着寿星念道："这个婆娘不是人。"听完这第一句，在场所有的人都大吃一惊。大家都以为是唐伯虎醉酒失礼，正当大家不知该怎么办时，唐伯虎又慢悠悠地来了一句："九天仙女下凡尘。"

顿时，各位宾客赶紧拍掌称绝。谁知唐伯虎接着又说道："生下儿女都是贼。"这刚刚缓和的神经又绷紧了，大家又被镇住了，默不作声，听他接着说下一句："偷得蟠桃献母亲。"大家又都鼓起了热烈的掌声。

唐伯虎在公众场合露的这一手，就是用了先抑后扬式赞美，可以说是别出心裁，所以自然会语惊四座。可见，先抑后扬式赞美只要运用得好，同样能获得非常好的赞美效果。

适时赞美，别过了赞美的保质期

> 赞美也有保质期，你要适时地表达，而且要关注对方的变化，否则，赞美就变成了老套的陈词，让人听了跟没听一样，没有任何影响。

赞美是对一个人的工作、能力、才干及其他积极因素的肯定。通过赞美，人们了解了自己的行为活动的结果。因此可以说，赞美是一种对自我行为的反馈。而反馈必须及时才能更好地发挥作用。

赞美一定要及时。比如，当单位里的一个同事被提拔当了处长，成为了你的上级时，你第二天上班，一见面就应当立马上前打招呼说："你好，处长！"

如果你的职务和他对等，要想表示恭贺之意，你就可以这样说："王处长，祝贺你高升！"他就会笑呵呵地说道："谢谢，以后请多关照！"

如果你的职务比他高，也应当表达祝贺："小王，祝贺你当上处长了！"对方当然会非常高兴地说："谢谢局长的关心，请您以后多多指导我！"

总之，赞美别人要善于把握机会，在恰当的时机去表达赞美，才能起到相应的效果。否则，就像过了时的服装一样，根本引不起人的兴趣。

此外，在和别人聊天时，不能只顾着说自己想说的，要跟对方进行"互动"式的交流。如果对方谈到了自己的得意之事，那就是希望能够与你分享他的喜悦。这也可以看作是他准备接受你的赞美之词的信号。所以，这个时候你要把所有的事情都停下，接过话题顺势赞美一番，这样就能满足对方的心愿。

比如，对方拿出照片对你说："你看，这是我今年国庆假期时去香港玩时照的。"你可以边看边赞叹："哎呀，这是你的照片啊，照得真好看！明年我也看看去……"假如你接过照片，随意地看了一眼就还给了对方，什么也没说，会显得不尊重对方，他就会不高兴的。

再如，初次见面，问对方是哪里人。当对方说出自己的家乡后，你就应该接上话题："那个地方我去过，风景美，人更美……"或者说"我在电视上看到过那个地方，山美水美，是出人才的好地方……"

如果你没有去过那个地方，也没在电视上看过，那你小时候在地理上学过或者听别人说起过吧？所以，你还是有话可说的，你可以这样说："我听说过那个地方……"

当你真诚地表达出自己的感受时，对方立刻就会产生一种亲切感，从而大大缩短了你和对方的心理距离。

除了赞美之词要及时以外，还应该细心发现对方的变化，这样会让对方感觉到你是在关注他，会让他觉得他在你心目中很重要，从而满足人内心渴望受重视的小"虚荣"感。觉察到别人的变化，就要大胆地表达出来。对于好的变化，一定不要吝惜赞美之词。

比如，同事或朋友买了那么漂亮的衣裙，在你面前晃了三圈，如果你不说话，那作为同事或朋友就显得太不合格了。最后逼得她自己说出来："我的裙子似乎有点短……"这时，你才应付道："哦，你买了新裙子啦？"

因此，你要明白，一个人穿了新衣服，换了新发型，有了好的新变化，他心底是非常希望让别人看见并称赞一番的。

然而，在日常生活中，有时也会出现变化还不如从前的事例，那作为朋友或同事，应当怎么说才合适呢？这点一定要慎重。要知道，一个人以新的形象出现在你面前，又没有征求你的建议，说明他对自己的新形象充满自信。此时，你就没有必要泼冷水，指出你认为的不足之处，况且，你提出的还不一定正确。

因此，若他的变化与你的审美观不相符，你可以从别的角度来做一番正面的评价。下面这个事例中的凯文就说得很好。

凯文的领导，50来岁，平时习惯穿正装。突然有一天，他穿了一身运动服，并且颜色也不好看。凯文心想要夸他穿得好看吧，有点假，因为不是自己的真心话，可他又不能视而不见，他得表达出对领导的关注。领导这样穿一定有他的原因，或许他要参加一项体育活动，或者他想换个心情……人和人之间的审美观也大不相同，自己应当去发现其中的优点。于是，凯文说："经理，您这身穿起来真显年轻。"这"真显年轻"说的是事实，领导听了很高兴，走路的步子也轻快了许多，还真显得更有活力了。

总之，赞美也有保质期，你要适时地表达，而且要关注对方的变化，否则，赞美就变成了老套的陈词，让人听了跟没听一样，没有任何影响。

赞美要别出心裁，最好是他不常关注的地方

> 每个人都不会拒绝别人真诚的赞美之词，但赞美之词一定要有闪光的地方，不可过分流于世俗。赞美别人要注意别出心裁，有特点的赞美才能让别人注意你，才能达到拉近彼此距离的目的。

懂得赞美别人是一件好事，但绝非一件易事。如果遇到女士就夸"漂亮"，遇到男士就说"能干，有为"，这些老套的赞美是不会引起别人特别的感受和注意力的。

事实上，没有人对别人给予自己的赞美无动于衷，只不过有人会赞美他人，有人不会赞美而已。关键是赞美的人能不能找到一种标新立异的赞美方法而已。

因此，要想赢得人心，就要在赞美的技巧上多下点功夫，找到别出心裁的赞美之词，从而让对方在瞬间对你产生好感。

首先，在赞美一个人时，如果你能避开公认的特长，独辟蹊径，给对方以超出其期待的评价，当然就能收到很好的效果。

比如，面对一位美丽的姑娘，如果夸赞她的容貌，她自然会高兴。可是，如果只是赞美她的容貌，即使称赞她倾国倾城，沉鱼落雁，闭月羞花，也不过是老生常谈，不会引起她太大的兴趣。这时如果你换个角度，赞美她聪明智慧、气质高雅、能歌善舞或有其他方面的特长，一定会让她产生耳目一新的感觉。

面对一个事业有成的女人，如果你经常夸她有能力、有才干，这样的赞美之词，她已经听了千百遍，并且几乎每天都会听到这样的赞美，所以即使你再怎么费力地赞美她，她也不会觉得有什么特别。但如果你对她说："你的眼睛长得好迷人""你无论是坐着、站着还是走路的时候，都别有韵味"，相信她一定会喜上眉梢，认为你是一个很有眼光的人。

李女士是某大型企业的法人，该企业经营管理得很优秀，经济效益和社会效益都很可观，业内人士都称赞她为"铁娘子"。

一次，一位记者采访李女士时说道："李总，大家都认为你管理精到，我倒觉得你身上更有着传统女性的那种善良、心细的魅力。"

听到这些话，李女士特别高兴，忙说："很多人只是看到了我的表面，并不真正了解我。"

记者的这番话之所以能够博得李女士的好感，就是因为她平时听到的对她管理才能的赞美之词太多了，而这位记者称赞的却是她的女性魅力，这样让她感到很特别、新颖。

所以，当我们在赞美别人的时候，一定不要重复那些别人耳朵都听得起茧的话语。尤其是对那些成功人士，他们经常会听到别人的赞美，所以我们就不要像别人一样千篇一律地去赞美，而是一定要注意寻找别人所没有注意到的细节。

我们在夸赞专业人员时，也应当尽量避开其特长部分，可以从他的为人等方面挖掘其闪光点。比如，如果你称赞出租车司机的驾驶技术高超，效果就不会太明显，因为技术不好的话，也做不了出租车司机。所以，对于出租车司机来说，驾驶技术没有什么值得炫耀的。但是，如果你夸他的车里特别干净，一看就知道他在生活上是个很讲究的人。他就会高兴地对你说，他每天都会更换座套，还要跟你说一些出租车是城市的窗口，代表一个城市的形象之类的话，从他那自豪的神态上，你就能感觉到他心里该有多开心。

因此，赞美一个人时，与其称赞他最大的优点，不如发现他最不显眼，甚至连他自己也未曾发现的优点，给对方以超出其期待的评价，那样就会收到很好的效果。因为他最大的优点已经成为其性格中的一部分，在任何人看来都已经是不足为奇的了。如果经常称赞一个人这样的优点，可能会让其产生反感。相反，那些小小的优点，因为从未或者很少有人发现，因此也就显得弥足珍贵。而你的发现与称赞为对方增添了一份对自己的认识，也增加了一次重新评估自己价值的机会。同时，你不同凡响的观察力还会获得对方的器重。

总之，每个人都不会拒绝别人真诚的赞美之词，但赞美之词一定要有闪光的地方，不可过分流于世俗。赞美别人要注意别出心裁，有特点的赞美才能让别人注意你，才能达到拉近彼此距离的目的。

放低自己，增强他的优越感

放低自己，其实也是一种赞美。所以在和别人聊天的时候，你不妨也适当地表现出自己的不完美，指出自己和对方的差距，把自己的失败经验作为话题，以此来增强对方的优越感，提升他的自尊心，他就会以更宽容的态度来对待你，从而坦然地接受你。

在日常生活和工作中，我们经常会看到这种情况：当有人做自我批评时，就会给别人留下一种诚实可信的印象，而且也能赢得大家的同情和支持。

为什么会这样呢？因为当你选择放低自己，把对方抬到高处的时候，就会让他觉得你特别谦虚真诚，从而也赢得了他的好感。

比如，在适当的场合，你可以谦虚地说：

"在这方面，我跟你差得远呢……"

"我怎么就不能像你一样……"

"我怎么就学不会呢？"

"你做菜的手艺真不错，太好吃了，这道菜我在家里怎么也做不好，你赶紧给我讲讲详细步骤吧……"

"你排版真是又快又好啊，学了多长时间？""3个月。""你学得可真快，我学了半年还不如你做得好呢。"

如果你采用上面的表达方式，就算你是一个"不善言辞"或者"不善于赞美别人"的人，也能轻而易举地达到高捧他人的目的。

再如，当你去参观朋友的新居时，你可以这样说："这房子的布局很合理，室内的装修也很考究。我家的装修就不行，颜色没你家的好看，东西还很乱……"像这样把对方与自己作具体的比较，并技巧性地指出自己略差一些，对方就会因被人高捧而产生优越感，心中当然会高兴极了。

小徐是一位销售人员，在和某企业客户的总工洽谈合作事宜时，听说这位总工曾经是学医的，他立刻说道："您是学医的呀，真不简单！我当年就想当医生，去考医学院时，由于分数不够没有考上。"

小徐用自己的经历来提升学医的高度，让那位总工感到他格外真诚。后来，那位总工遇人就夸小徐会说话，双方的合作也开展得非常顺利。

由此可见，采用这种"贬低自己"的方式，还可以让他人敞开心扉和你交谈。因为谦虚意味着尊重对方，它是人际关系的润滑剂。

另外，如果你是一个成功者，就要有所注意。因为成功者身上的光环会让周围的人黯淡无光，所以，成功的人经常会遭遇他人的忌妒，而谦虚可以消除别人对你的这种敌意。因此，当你春风得意的时候，千万不要在无关紧要的小事上争强好胜。此时的谦虚和恰到好处地露怯，会让自己更受欢迎。那些聪明的名人都是这么做的。例如，美国的一位著名电影明星接受中国电视记者采访，当记者问她抱着什么想法进入好莱坞时，她说自己在好莱坞待了好多年，但不是当演员而是当女招待。她大胆地承认自己以前的平凡和过去经历过的失败，结果赢得了阵阵掌声。

总之，放低自己，其实也是一种赞美。所以在和别人聊天的时候，你不妨也适当地表现出自己的不完美，指出自己和对方的差距，把自己的失败经验作为话题，以此来增强对方的优越感，提升他的自尊心，他就会以更宽容的态度来对待你，从而坦然地接受你。

赞美也要有尺度，千万别说过火

只有恰如其分、点到为止的赞美才是真正的赞美。相反，假如使用过多的华丽辞藻，空洞的吹捧，过度的恭维，那样只会让对方感到不舒服，不自在、甚至会产生难受、厌恶的感觉，其结果只会适得其反。

每个人都喜欢听赞美的话，不过，并不是所有的赞美之词都会让人喜欢。因为在说赞美话的时候，需要根据对象及场合的不同而使用恰当的语言，才能赢得被赞美者的喜欢。否则，赞美话说得再多，也不可能达到赞美他人的效果。

比如，有的人把赞美转变成了阿谀奉承，整天围着领导转，用赞美之词去讨领导的欢心，以求达到自己的目的；有的人为了赞美别人，分不清对象，找不准特点，赞美的话随口而出，使得被赞美之人听后心里非常不舒服。面对年长的人，夸人家真帅，面对年轻的人，夸人家身体健康、不爱生病……类似的赞美，让人听起来也非常不舒服。

因此，说赞美的话也是有学问的，并不是每个人都能把赞美的话说得恰如其分。赞美也要讲究适可而止，要注意技巧，不但要让对方欣然接受，不会觉得赞美之词过火而心生烦躁，而且还要让他对我们产生好感，那样才是达到了真正的赞美效果。

比如，在一个聚会上，你发现某个人的歌唱得很好听，如果你对他说："你唱歌真是全世界最动听的。"这样赞美的话，最后只能使双方都感到难堪。但是，如果换个说法："你的歌唱得真不错，挺有韵味的。"他一定会非常开心。所以说，赞美的话不能乱用，赞美一旦过头就变成了吹捧，那样赞美者不但无法收获交际成功的微笑，反而还得自己吞下被置于尴尬地位的苦果。正所谓过犹不及。

所以，赞美别人时一定要把握好度。尺度掌握得如何，往往会直接影响赞美的效果。只有恰如其分、点到为止的赞美才是真正的赞美。相反，假如使用过多的华丽辞藻，空洞的吹捧，过度的恭维，那样只会让对方感到不舒服，不自在，甚至会产生难受、厌恶的感觉，其结果只会适得其反。

因此，在赞美别人时，一定要发自内心，要体现真诚，要实事求是，而不是随心所欲，信口开河，因为你要赞美的人，是你所了解的人，你要赞美的话，是来自被赞美人的优点。这就需要你不但要观察其表，还要了解其里。如果你能用准确的、亲切的、善意的、优美动听的语言，自然由衷地把对方的优点赞美一番，那样不但能让在场的人引起共鸣，同为称道，而且也会使对方感到受之无愧，心安理得，这时候的赞美才能起到真正的赞美效果。

超|级|聊|天|学
ChaoJiLiaoTianXue

第3章

应对聊天冷场的救命6招

苏格拉底

人有两耳双目，只有一舌，因此应多听多看少说。

契诃夫

书是音符，谈话才是歌。

罗曼·罗兰

严厉的话像烧红的铁，深深地打下烙印。

第1招：寻找话题和谐谈话氛围

要想打破冷场，那就必须要有寻找话题的本领。通过转移注意力，提出新话题，使谈话氛围重新和谐起来。好话题是初步交流的媒介，是深入聊天的基础，是纵情畅谈的开端。没有话题，交流就很难顺利进行下去。

在与陌生人交谈的过程中，很容易因为话不投机或不善表达而出现"冷场"的情况，冷场无论对于交谈、聚会，还是议事、谈判，都是令人窘迫的局面。在人际关系中，它无疑是一种"冰块"。而要想打破冷场，那就必须要有寻找话题的本领。写文章，有了个好题目，往往会文思泉涌，一挥而就；交谈，有了好话题，就能使谈话融洽自如。好话题是初步交流的媒介，是深入交谈的基础，是纵情畅谈的开端。没有话题，交流就很难顺利进行下去。

有一位记者去采访一位女教师，行前有人说这位老师很倔，说不到三言两语就把人打发走了。记者到学校去找她，她正在跟传达室的人发脾气。记者一听说她是浙江人，心里暗自高兴，因为他也是浙江人。后来，他们从家乡聊起，越聊越热乎，这一段题外话也为采访做了很好的铺垫。

其实打破冷场的方法有很多，关键是要看我们是否能够随机应变，及时发现和找到对方关心或与对方有关的事由，提出一个好话题。

一般来说，好话题的标准是：至少有一方熟悉，可以聊；大家都感兴趣，喜欢聊；有展开探讨的余地，容易聊。

那么，在与陌生人聊天的时候，怎么才能找到好话题呢？

1. 选择对方关心的话题

面对陌生人，要把对方关心的事件作为话题，把话题对准对方的兴奋中心。通常这类话题是他想说、爱说、能说的，自然就能说个不停了。

2. 借用身边材料为题

巧妙地借用彼时、彼地、彼人的某些材料为题，借此引发交谈。有人善于借助对方的姓名、籍贯、年龄、服饰等，即兴引出话题，通常能取得好的效果。这种方法的优点是灵活自然，就地取材，其关键是要思维敏捷，能作由此及彼的联想。

3. 投石问路

向河水中投块石子，探明水的深浅再前进，就能有把握地过河。同样，在与陌生人交谈时，先提出一些"投石"式的问题，当稍微有所了解后再有目的地进行交谈，便能聊得更为自如。比如，在聚会时见到陌生的邻座，便可以先"投石"询问："您和主人是老乡还是老同学呢？"不管问话的前半句对，还是后半句对，都可循着对的一方面交谈下去；如果问得都不对，对方回答说是"老同事"，那也可以谈下去了。

4. 寻找共同的喜好

问清楚陌生人的兴趣，循趣发问，就能顺利地进入话题。比如对方喜欢下象棋，你便可以以此为话题，谈下棋的情趣，车、马、炮的运用等。如果你对下棋也略微懂点，那肯定谈得投机。如果你对下棋不太了解，那也正好是一个学习机会，可以静心倾听，适时提问，借此大开眼界。

引发话题的方法有很多，比如"即景出题"法、"借事生题"法、"由情入题"法等。你可以巧妙地从某景、某事、某种情感出发，引出一番讨论。这种引发话题，就像"抽线头""插路标"一样。重点在引，目的则是要导出对方的话茬儿。

5. 寻找共同点，缩短距离

与陌生人交谈时，必须在缩短距离上下功夫，力求在短时间内了解得多些，缩短彼此之间的距离，进而在感情上变得融洽。孔子说："道不同，不相为谋。"只有志同道合，才能谈得拢。我国有许多"一见如故"的美谈。要想与陌生人能谈得投机，就要在"故"字上做文章，变"生"为"故"。下面是变"生"为"故"的3种方法：

（1）适时插入聊天过程中

看准情势，不放过应当说话的机会，适时地插入聊天过程中，适时地"自我表现"，能让对方充分了解自己。聊天是一种双边活动，光了解对方，不让对方了解自己，同样难以深谈。陌生人如果能从你切入的谈话中获取教益，那么双方就会变得更亲近。适时切入，能把你的知识主动有效地呈给对方，等于符合了"互补"原则，进而为"情投意合"奠定了基础。

（2）借用媒介

通过寻找自己和陌生人之间的媒介物，从而找出共同语言来缩短双方的距离。比如，当看到一位陌生人手里拿着一件什么东西，可以问："这是什么？……看来你在这方面肯定是个行家。正好我有个问题想向您请教。"这种对别人的一切表现出浓厚兴趣，通过媒介物表露自我的方式，也会让聊天顺利进行。

（3）留有余地

留些空缺让对方接口，使对方感到双方的心是相通的，聊天过程是和谐的，那样就能缩短彼此之间的距离。因此，在和陌生人聊天时，千万不要把话说完，也不要把观点说死，应当拿出虚怀若谷、欢迎探讨的态度来对待。

第2招：模糊语言，精巧避开尴尬问题

　　模糊语言是一种十分高超的语言艺术，它指的是运用一种不确定的或者不精确的语言进行交际的方法。在我们的聊天过程中，适当地用模糊语言来表达自己的意思，往往能收到非常好的效果。

　　模糊语言是一种十分高超的语言艺术，它指的是运用一种不确定的或者不精确的语言进行交际的方法。在我们的聊天过程中，适当地用模糊语言来表达自己的意思，往往能收到非常好的效果。

　　当我们在看望某个病人的时候，我们会对他说："你一定要好好地养病，这样，你的身体就会慢慢地康复。"我们——包括病人在内——都不知道"慢慢"指的是多长时间。它指的是一个小时、一天、一个星期，还是一个月？这是无法由我们来决定，也不必由我们说清楚，但是我们要表达关心的意思，并且应说服病人安心地养病。在这种情况下，我们只能用这种模糊性的词语，才能达到效果。

　　如果你请一个人在会场中找你的朋友，你告诉他你的朋友具有以下特征：身高185厘米、腰围70厘米、肩宽37厘米，戴一副450度的近视眼镜，等等。你认为他能够找到吗？但是，如果你换一种方法描述，你用了比较模糊的字眼，如高大、大眼睛、浓眉、卷发等，这样效果会不会好些呢？

"不可思议"是我们一般人的看法，而语言专家却希望能够找到根据。他们的研究结果之一证明正是模糊语言的不确定性，引起了语言的广泛和灵活。这就好像奔腾的河水比静止的湖水更加有活力一样。

模糊语言的运用，通常体现在回答问题上。问题的提出者往往提出一些随机性非常强，并且包含的内容极为广泛的问题，使你不能准确回答。尤其是那些你不能直接回答，但是又不得不回答的问题，就需要用模糊语言进行回答了。

某公司的经理说："我们公司的绝大多数年轻人都是工作努力、积极上进的，但是还有个别的人并非如此。"这里的"绝大多数"是一个模糊的词语，因为没有一个具体的数字来说明什么是"绝大多数"。这是一种可以伸缩的判断语，既保存了大部分人的面子，同时也对那些"个别的人"进行了严厉的批评。

模糊语言的特点是模糊、似是而非。一方面，它令人捉摸不透说话内容的真正内涵；另一方面，因为没有具体的指向，因而就具有很大的伸缩性和变通性。当遇到一些在一定条件下不能解决的事情的时候，它可以变不可能为可能，使不相容的问题变得相容和一致。

必须要注意的是，模糊语言只是为了增强语言的适应性、灵活性以及生动性才出现的，它只是语言表达方式的一个重要的补充，而不是主体部分。一般情况下，我们还是要尽可能清晰地表达自己的观点。

最后，在运用模糊语言时，还必须注意以下事项：

第一，模糊的语言并不是含糊其辞，而是故意这么做的。它的使用具有目的性。

第二，在使用模糊词语的时候，一定要遵循适度的原则。

第三，不要使你的话有歧义或引起误解，不要伤害到别人。当然，我们也要注意运用模糊词语的不同场合。

第四，运用模糊的言语要做到简洁明快。模糊语言并不是重复啰唆和刻意地绕弯子。

第3招：自嘲——为自己救场，给他人台阶

> 自嘲，即自我嘲弄，表面上是嘲弄自己，但实际上却另有所指。自嘲是一种智慧，也是一种充满魅力的交往方式。在人际交往中如果运用得好，就能让尴尬变成笑声，在笑声中展现出你非凡的智慧和人格魅力，从而使场面再次活跃起来。

在生活中，我们不可避免地会遇到一些尴尬的情况。此时，如果我们置之不理，不但会让自己难堪，还会造成冷场的局面；如果我们斤斤计较，可能会令局面更加难以收拾。在这种情况下，我们若能从容对待，恰当地运用自嘲，就能帮你走出尴尬。

自嘲，即自我嘲弄，表面上是嘲弄自己，但实际上却另有所指。自嘲是一种智慧，也是一种充满魅力的交往方式。在人际交往中如果运用得好，就能让尴尬变成笑声，在笑声中展现出你非凡的智慧和人格魅力，从而使场面再次活跃起来。

在某俱乐部举行的一次招待会上，服务员倒酒时，不小心把啤酒倒到一位宾客光亮的秃头上。服务员吓得手足无措，全场人都目瞪口呆。这位宾客却微笑着说："老弟，你以为这种治疗方法会有效吗？"在场的人听后纷纷大笑，尴尬局面即刻被打破了。这位宾客的自嘲，既展示了自己宽大的胸怀，又维护了自己的尊严。

可见，自嘲是人际交往中的润滑剂。人在自嘲时，自暴其丑，显示了一个人的大度和坦诚。勇于暴露自己的问题，揭露自己的短处，这样的人往往被人视为可信的人。自嘲，使人能轻松、愉快地正视自己的弱点，摆脱困境，增强自信心、自尊心，在论辩中，又可使气氛活跃。

聊天时，谁都有口误的时候，当你无意中引发了对立情绪时，如果能适时地自嘲一番，获得原谅应该不难。比如在和别人聊天时，你说了不合适的话，对方脸色不太好，你可以自嘲道："唉，瞧我这张粗陋的嘴，不会说话，请多原谅啊。"一句插话，可以让对方不再介意。又比如，在和别人聊天时起了争执，你有点激动，措辞生硬，声音太大，对方显得不高兴了。你要赶快刹住话匣子，自嘲道："对不起，我这个人容易激动，刚才真成了一只斗鸡了。"对方肯定会付之一笑。

总之，在人际交往场合中，自嘲是不可多得的灵丹妙药。只要尴尬场面的产生和自己有关，我们都可以运用自嘲的办法来化解。一个人能够拿自己的缺点和缺陷来开涮，说明这个人有着良好的修养。这能够使别人从中看到自己的优秀，从而让更多的人愿意和自己交往。

第4招：机智回应"名字"引发的尴尬问题

> 当自己的名字被叫错或者双方都叫不出彼此的名字而遭遇尴尬时，要想做出恰当的反应，事先就得掌握一些说话应变技巧。

相信大家都有过因为自己的名字被叫错或者双方都叫不出彼此的名字而遭遇尴尬的经历，那当时应该怎么回应呢？要想能做出恰当的反应，事先就得掌握一些说话应变技巧。

下面就为大家介绍一下当遇到这两种情况时的回应技巧。

1. 当自己的名字被叫错时

在一个集体里，因为有的人的名字相似，所以经常就会闹出一些张冠李戴的笑话。像王军先生就是这样。因为在这个公司里凑巧有一位老同事的名字叫"李军"，所以他就经常被人叫错名字。今天一位新分配的女职员由于一时疏忽，又叫他"李军先生"，他当时感到非常生气，所以就一声不吭，也不理睬对方。采取这样的态度来回应是不可取的。当遇到这种情况时，应当怎么办呢？

首先，应当忍住一时的气愤。被人当面叫错名字，无论是谁都会觉得不舒服。可是当事者在那一瞬间如何回应，将会造成完全不同的结果。

中国字有很多音同字异的情形，比如一个名字叫作"建"的人，难免会有被错写成"健""键""剑"……这个时候可以这样说："对不起，我的名字是建设的'建'啊，此'建'非彼'健'哦！"当自己的名字被弄错时，采取这种近乎诙谐的指正方法，反而能让大家皆大欢喜，相处得更加融洽。

的确，一个经常跟自己碰面的人，竟然弄不清楚自己姓啥名谁，这是一件令人非常不愉快的事情。不过，这也不算什么特别不能忍受的事吧！既然对方没记清楚，那自己干脆再报一次姓名就好了，比如："我是李军呀！这个名字的确是太平淡了，不好记。"

然后，把自己的外表特征和名字连在一起。由于一时疏忽而把别人姓名弄错的事，其实很常见。其中有很多是因为没有把对方的姓名和外貌记清楚，所以才会出现把别人的姓名张冠李戴的错误。不管怎样，当自己的姓名被弄错时，如果不想办法让对方记住自己，那以后还会发生不愉快的情形。要想解决这个问题，其中一个最好的方法就是把自己的外表特征和名字连在一起告诉对方，从而让对方记清楚自己。

2. 当别人叫不出自己的名字时

在外面碰到以前认识的朋友或者同事，等上前去打招呼时，对方却记不起自己的名字了，使彼此尴尬而散。这种情况应该有很多人都经历过吧！

比如，当你去参加一个讨论会时，碰到了以前曾在一起工作的老同事，于是自己便很高兴地过去打招呼："李老师，好久不见了，您还好吧！"对方也好像是看到了熟面孔一样地回答，可是当寒暄问候一番过后，对方就显得有些局促不安，想找理由离开。如果你遇到了这种情形，你会如何应变呢？

特别是像演说家等这类人经常需要跟很多人接触，虽然别人对他们了如指掌，但是他们却经常无法一下子就叫出别人的名字。当遇到这种情况时，他们通常都会很自然地、直截了当地向对方请教，比如："请问您尊姓大名？"或说"您是哪位呢？"对于一般人来说，这种开门见山式的问话，好像叫人无法开口。因此，当叫不出对方的名字时，既不敢开口请教，又害怕被对方看穿真相，所以心虚不安，就想要尽早离开。

上面例子中提到的那位李老师，有可能就是心虚而想离开。当遇到这种情况时，应当怎么回应呢？这时，你就应当很巧妙地把自己的名字夹在谈话中。比如："最近偶尔也会碰到当时跟我们在一起的同事，他们还是老样子，仍然取笑我叫小鸟。回想从前，那时真是多亏了您的照顾……"这样说对方可能就会比较安心，至少不会急着想要打退堂鼓。

人难免会有忘记别人名字的时候，所以，当碰到这种情况时，我们应当将心比心，要体谅别人的处境，尽量避免让别人出洋相。相反地，如果自己想不起对方的名字了，那该怎么办才好呢？这时你可以这样去说："对不起，您是否可以给我一张名片呢？""哦！名片吗？""是的，拜托！"也许一开口就跟别人要名片，会让人感到唐突，所以你要表现出很不介意的表情，等接过名片后再继续说："以后有机会，我就可以很快地凭着这张名片和您联系了……"这样你就可以按照名片上的姓名来称呼对方了。

第5招：随机应变打圆场

在打圆场时，作为圆场之人应当理解争论双方的心情，辩证地看待问题，针对各种不同的情况，得体地"扬长避短"，用巧妙的语言去作解释，通过"扬长"引领别人换个视角，对先前不满意的事进行一番变位思考，让对方从一个新的角度去体会佳妙之处，从而高高兴兴地接受自己的观点。

在我们生活过程中，难免会碰到一些尴尬的场合，在这些场合中，如何去很好地打圆场，就显得非常重要，不但能提升我们的人际关系，还能让大家气氛融洽。

张超、李伟和赵凡三人约好了周六上午9点去书城买书，并把碰头地点定在书城。9点整时，张超和李伟准时到达，可是等了半个多小时也没见赵凡的影儿。他们便进了书城，没想到在书城里面见到了赵凡。急性子的张超责备道："我们在外面等了半个多小时也没见到你的鬼影子，天寒地冻的，原来你一直在里面溜达呢！"赵凡也急了："我8：50就到了，一直在里面等你们！这么冷的天我总不能在外面傻等着吧！"两个人各说各的理，谁也不让谁。

这时，李伟打圆场道："其实都是误会，大家谁也不想耽误对方的时间。"接着他对赵凡说："张超今天穿得少，在外面等你时冻得直跺脚，发发牢骚也是情有可原。"然后转头对张超说："人家赵凡也没有违约，比咱俩还先到十分钟呢。都怪咱们三个人没把碰面的地点是在书城门口还是里面说清楚，才造成了这个误会，下次可都得长记性啊！走吧，买书去。"

李伟这么一说，两个人的怨气果然消了，一起开始了快乐的购书行动。

幸亏李伟及时打了圆场，才避免了双方发生不愉快的事情。可见，在生活中，会打圆场多么重要。

和别人聊天时，当他人发生矛盾起争执时，夹在中间的滋味是比较尴尬的。作为争论的局外人，就应当学会随机应变地打打圆场，从而让双方的矛盾得以化解。

不过，在打圆场的时候，一定注意，就是不要偏，不要倚，要让双方都觉得你没有偏向。否则，你的圆场恐怕就是火上浇油，还不如不说。像上面例子中的张超与赵凡争执不休，李伟在打圆场时，就没有轻率地厚此薄彼，而是提醒他们求同存异，互谅互让，从而缓解了双方的对立情绪。

有个理发师傅带了个徒弟。徒弟学艺3个月后，便试着给顾客理发。

徒弟给第一位顾客理完发，顾客照着镜子摇摇头说："头发留得有点短。"徒弟不知道该如何应答。师傅笑着解释说："头发短，可以使您显得精神、朴实、厚道，让人感到亲切。"顾客听完，欣喜而去。

徒弟给第二位顾客理完发，顾客还是摇摇头说："头发留得有点长。"徒弟也不知道该如何应答。师傅在一旁笑着解释："头发长使您显得含蓄，这叫藏而不露，跟您的身份很相符。"顾客听完，高兴而去。

徒弟给第三位顾客理完发，顾客边付款边埋怨："用的时间怎么这么短，不到20分钟就完事了。"徒弟还是不知道该如何应答。师傅马上笑着解释说："如今，时间就是金钱，'顶上功夫'速战速决，为您赢得了时间。您何乐而不为呢？"顾客听了，欢笑告辞。

徒弟给第四位顾客理完发，顾客边交款边嘟囔："剪个头怎么花了这么长时间，都快1个小时了。"徒弟心中慌张，不知所措。师傅马上笑着抢答："为'首脑'多花点时间是很有必要的。"顾客听后，大笑而去。

故事中的这位师傅，真可谓是一位"打圆场"的高手，每次得体的解说，都使徒弟摆脱了尴尬，让顾客转怨为喜，高兴而去。他成功地"打圆场"的经验，给了我们很多启示。

事实上，在聊天讨论的过程中，需要灵活应变地打圆场的事情往往很多。因此，生活中，应当学会灵活地打圆场。

"打圆场"与"和稀泥"不同，它是从善意的角度出发，以特定的话语去缓和紧张气氛、调节人际关系的一种语言行为，在人们的日常工作与生活中有着积极的意义。

"打圆场"应"扬长避短"。工作与生活中的任何事情都包含着两重性，其中的对与错、利与弊是相对的。所以在打圆场时，作为圆场之人应当理解争论双方的心情，辩证地看待问题，针对各种不同的情况，得体地"扬长避短"，用巧妙的语言去作解释，通过"扬长"引领别人换个视角，对先前不满意的事来一番变位思考，让对方从一个新的角度去体会佳妙之处，从而高高兴兴地接受自己的观点。

第6招：未雨绸缪早安排，各种话题充分准备

我们应该知道，冷场的出现，往往与话题有关。曲高和寡会导致冷场；淡而无味同样会引起冷场。如果你不希望出现冷场，就应当事先作些准备，使自己有一些库存话题，以备不时之需。

人们在日常生活和社会交往中，尤其是在比较正式的场合，比如聚会、议事等，常会出现冷场的情况，令人感到窘迫。一般来说，谈话者之间若存在以下几种情况时，最容易因话不投机而出现冷场：

（1）彼此之间不是很熟悉。

（2）年龄、职业、身份、地位差异大。

（3）心境差异大。

（4）兴趣、爱好差异大。

（5）性格、素质差异大。

（6）平时意见不同，感情不和。

（7）互相之间有利害冲突。

（8）异性相处，尤其单独相处时。

（9）因长期不交往，关系比较疏远。

（10）性格都比较内向。

出现冷场时，双方都会感到尴尬。但是只要你掌握了破冰之术，及时根据情境设置话题，冷场是很容易被打破的。

1. 要学会拓展话题的领域

开始第一句话要注意的是使人人都能了解，人人都能发表看法，由此再探出对方的兴趣和爱好，拓展谈话的领域。如果指着一件雕刻说："真像××的作品！"或是听见鸟唱就说："很有门德尔松音乐的风格。"除非知道对方是内行，否则不但不能讨好，而且会在背后挨骂的。

如果不知道对方的职业，就不要胡乱地问他。因为社会上免不了有人会失业，问他的职业无异于强迫他自认失业，这对自尊心很重的人来说是不太好的。如果你想开拓谈话的领域而希望知道他的职业，那只能用试探他的方法。比如，你可以问："先生常常去游泳吗？"如果他说"不"，你就可以问他是否很忙，"每天上哪儿消遣最多呢？"接下去探出他是否有固定工作。如果他回答"是"，你就可以再加上一句话，问他平时什么时候去游泳，从而判断他有无职业。如果他说是星期天或每天下午五时以后去，那无疑是有固定工作。

当确定了别人有工作时，才能问他的职业，这样就可以谈他的工作范围内的事情。如果不知道对方有没有工作，或确知对方为失业者，那最好还是谈别的话题吧。

2. 风趣接话转话题

在谈话中善于抓住对方的话题，机智巧妙地接答，可以使我们的谈话变得风趣，从而使谈话活跃起来。有一个典型的例子：当我们夸奖对方取得的成绩时，总能听到这样的回答——"一般一般"。倘若我们不接着话茬儿说下去，就有点赞同对方的"一般一般"说法的意思，达不到接话说的目的。这时，你可以这样回答："'一般'情况尚且如此，那'二般'情况就可想而知了。"言外之意是说："你一般的情况才如此的话，我二般的情况就更不值得一提了。"这类接话，一般是采用谐音、双关的手法，接住对方的话茬儿，作风趣的转答。

要想巧妙地接答对方的话茬，可以把原来的话题引向另一个话题，使谈话转变一个角度继续进行下去。

小王是某公司负责某一地区的销售业务员。公司为了加强和客户之间的联系，特举办了一年一度的"工商联谊会"。公司安排小王在会议期间陪同他的客户杨某。他们路过一家商场，谈起了商场的销售情况。最后，杨某深有感触地说："现在，市场竞争够激烈的。"小王随即接过他的话茬儿说："就是。在您的公司工作的业务员也不少吧？"

就这样小王既把话题延伸了下去，同时又把话题朝有利于自己的方向发展。

3. 适时地提出引导性话题

适时地提出引导性话题，可以给他人留下谈话的时间和空间，尤其是对于那些不善于当众讲话的人。这些话题可以根据对方的性格特点、兴趣爱好、职业性质等方面来设置。比如："近来工作顺利吧"，"听说你最近有件高兴的事，什么事啊"，"前一段时间我见到了你的孩子，学习怎么样"。先用这些听起来使对方温暖的话寒暄一下，便于开展谈话。

面对那些在公司上班的人，可以探问对其公司的日常规则的看法，如："你们公司每周都要举行升旗仪式，之后还要做早操，召开例会，你怎么看待？"引导性话题应该注重可谈性和可公开性。对学文的不宜谈深奥的理科的问题，反之亦然。不宜在公开场合触及个人隐私，也不要在背后议论他人。如果引导性的话题过于敏感，或者越出了对方的兴趣爱好，或者过于深奥，超出了对方的知识结构，也许是对方不愿意说，也许是真的无话可说。提出这类话题，目的是想让对方开口讲话，如果不能让对方开口说，那还有什么意义呢？

在提一些引导性话题的时候，也要注意方法和策略，不要让对方感到难以回答或只是附和而已。比如："你是不是也觉得你们现在的厂长很能干？"人家要说赞同的话，他自己的确也有保留意见，要说不赞同，而你已经认可了，他总不至于在你的面前进行反对吧，何况是说别人的坏话呢？所以说，这样的话题，处理得不好，会让自己失去谈话的亲和力，适得其反。再者也不要问些大而空的问题，让人不知从何说起，最好具体点。

此外，在打破冷场时还应该注意以下事项：

第一，如果是由于自己太清高、架子大，使人敬而远之，而造成对方的沉默，在交谈中就应当主动、客气、随和一些。

第二，如果是由于自己太自负，盛气凌人，使对方反感，而造成了沉默，则要注意谦虚，多想想自己的不足，适当褒扬对方的长处。

第三，如果是由于自己口若悬河，讲起话来漫无边际、无休无止，而导致了对方的沉默，则要注意自己讲话适可而止，给对方说话的机会，不要让人觉得你是在做单方面的传教。

第四，一般人的心理总是喜欢教人，而不喜欢受教于人。有时装作不懂事的样子，往往可以听取他人更多的意见，这根源于人们的自炫心理。反之，你表现得太聪明，人家即便要说，也会有所顾虑，怕比不上你。因此，你可以采用求教的语气说话，这样就能引起对方的优越感，从而引出滔滔话语。

我们应该知道，冷场的出现，往往与话题有关。曲高和寡会导致冷场；淡而无味同样会引起冷场。如果你不希望出现冷场，就应当事先作些准备，使自己有一些库存话题，以备不时之需。

进阶：魅力绽放在倾听谈吐间
——提问与接话的控场艺术

你是不是也会因经常说错话而得罪别人，最终只能尴尬地结束谈话？你是不是发现场面很尴尬，可是却不知道该说什么或者怎么说呢？为什么有的人在闲谈时就能交到朋友，而你的交谈总是以冷漠、不友好而告终呢？

以后你就不用再为这样的尴尬而伤脑筋了。只要你掌握好下面的沟通控场艺术，就能让你的交谈氛围更互动、更热烈，你一定会成为最受欢迎的人。

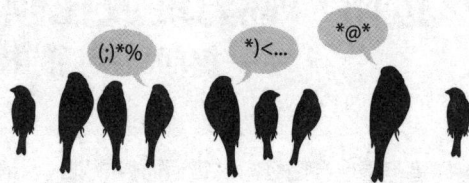

超|级|聊|天|学
ChaoJiLiaoTianXue

第4章

提问是掌控一场对话最好的方法

林语堂

绅士的演讲，应当像女士的裙子，越短越好。

余光中

独揽话题的人，既无礼，也无情。

叶圣陶

可否自始即不多讲，而以提问与指点代替多讲。

_/

{<::>}

想知道更多？请问一个充满同情心的问题

干巴巴的问题怎么能够打动人心呢？一定要让问题充满感情。最起码，你要让别人从你的问题中感受到理解之情。尤其是面对敏感的心灵，像孩子、青少年，使用充满理解的问句，最容易让对方接受你。当人得到别人的同情和理解，心便会变得柔软、湿润，从而乐于诉说，并接受别人。

如果你想要与人进行深入的交谈，那么开始的时候就要注意，先不要提特别难的问题，也不要提让人觉得有威胁的问题，以免对方无法回答，造成冷场的局面。当然，要是你正准备去参加辩论赛，则另当别论：在那样的场合，你要做的事情，就是尽可能地将对方问得无话可说。不过，现在我们的目的是抓住别人的心，那么，我们的表达就不能那么不客气，应该尽量从一些让人舒服的问题开始。

然而，生活在快速时代的人们，习惯于制造爆炸新闻，许多人开始忽略与人建立良好的互动关系，往往会选择直接问一些攻击性极强的问题。结果经常得到的回答，不是"不好意思"，就是"无可奉告"。为什么会如此呢？答案很简单，因为这些问题不能让人感到舒服。

对于被问的人来说，舒服很重要。问一些对方感到舒服的问题，将会更容易得到别人的回答。当然，仅仅是提一些让人舒服而容易回答的问题是不够的。根本的问题还在于理解。你只有怀抱理解，站在对方的立场上考虑，提出有感情的问题，才能真正深入人心，获得他人的热烈回应。

作为一个合格的提问者，我们应该通过自己的问题，表达出我们对谈话伙伴的理解和同情，以调动对方答题的情绪，让对方受到鼓舞和激励。

某社区工作者完成了一些项目，受到了记者的采访。这名记者从这些项目开始提问。但他没有干巴巴地提问，而是通过充满情感的问题向被访者表示，他知道要完成这个项目他们需要克服的困难。这名记者的第一个问题是这样的："作为一个新的社区组织领导人，你是怎样为这样艰难的项目争取到那么多钱的呢？"这个问题首先就对被访者所做出的努力进行了肯定，让被访者有机会表达和赞美自我的能力。这样的问题自然很快就激发了被访者的谈话兴致。毫无疑问，这是一个很好的开始问题。

与之类似，在一次市政预算调查中，有名女记者做采访，她问市政办公室的预算主管："您是怎样重新编排如此众多的部门和项目来制作项目预算，并能保证没有项目混跨于两个或更多的部门之间的？"当这名记者得知对方为完成这项工作所做的各种努力时，她对被访者充满了敬意，这促使访谈进行得非常顺利。

记住，你的谈话对象是有感情的人，而你的说话内容也是带有感情色彩的，如果你能据此表现出一定的同感，会让对方舒服很多，也有利于为整个讨论奠定一种基调。你可以通过身体姿势或面部表情来表达你的关注；你也可以说些简单的同情话语，比如，"听起来很惨，当初一定很恐怖"，或者只用"哎呀"这样简短的响应。

另一种表达情感理解的办法是，简单地提一提让你具有同样体验的某些事件，如"真是伤脑筋，对吧，当初我也遇到过这样的事情，实在太让人难过了"。这样的表达方法，在心理学上称之为同理心，是非常实用的谈话技巧。不过，我们在使用同理心的方法时，一定要注意，只靠呈现一个虚构的类比，并不会减轻被访者的痛苦。只不过，这样做能够让我们与谈话伙伴的心灵靠得更近一些，让对方更愿意向我们倾吐心中的话。

另外，我们必须注意到这样一种情况，在我们真正理解被访者的情况下，要表达同情是比较容易的，但如果我们难以理解被访者的感受时，还要去表达同情，就比较困难了。即便表达出来，也可能会有动作不自然的情况出现，这样对方就可能会认为我们是虚伪或不够诚实的人。遇到这样的事情，该怎么办呢？这种情况下，不要假装同情，但可以表示理解，你可以告诉对方，你对他们所说的内容非常感兴趣，并正在努力向他学习即可。

例如，有位环保人士对于捕杀鲸类的事情而痛心疾首，愤怒地宣称要炸掉捕鲸船。作为提问者的你，可能并不支持这样的激进主张。这时，你可以诚实地告诉他："虽然你的主张很好，但有些冲动。不过，无论如何，你正在做一件很重要的事情，那些秉持自己的价值并努力保护物种的人，必然会得到广泛理解。"

当你理解某个人做某件事，则可以对他的努力表达你的敬意，而对他遭遇的艰难，表达同情；当你无法对某个人表达敬意和同情时，那么就努力给予对方有限度的理解吧：你可以同意某些事情，而不同意另外一些，保持自己立场的做法同样可以被人理解。

无论如何，在谈话过程中，要注意表达出你的感情，特别在提问方面，更要用心。如果注意的话，你完全可以通过富有同情和理解的问句，调动对方的情绪。要达成这样的理想状态，首先，你要做的就是站在对方的立场发问。

有位先生向来很晚才回家的，但这天没有加班，早早地回到了家中。妻子有些惊奇，又有些埋怨地说："啊，已经回来啦。我还没准备晚饭呢。今天怎么这么早呢？"

这怪怪的语气，让丈夫有些不爽："你这说的是什么话！以前回来得晚，你要埋怨，今天早早回来了，你还埋怨。"妻子听丈夫的口气，心里也变得不高兴了："这该问你自己怎么回事才对。明明总是晚回来，偶尔早回来一天就好像多大的恩情似的。"于是两个人就吵了起来。

其实只要试着站在对方的立场上问两句，那样的糟糕状况完全可以避免。丈夫可以这样表达："今天太难得了，好不容易早回来一天，吃惊吧？"或者，妻子这样说："啊呀，今天回来得真早呢，还没吃饭呢？现在做饭，可以吗？要不今晚咱们出去吃点？"如果两人能够把对方要说的话当作自己提问的内容，那么相互间都会有所让步的。这就是表达同情和理解的提问方法，最能深入人心。

用寒暄拉近彼此的距离

"你们好吗？"这是明星出场的时候，必定要喊的台词。喊了一次又一次，从来没有哪个明星觉得这样的喊法是老套的，而下面的观众同样也不觉得老套。没错，类似这样的寒暄式问候，真的很"废话"，但是它就是有效的。善于提问者不会挖空心思去抠字眼，思考奇怪的问句，只要有效的，即便是再老套的问句，也不会拒绝使用。

你向某人索取某物，只有一种可能他们会拒绝你，那就是你不够热心和友好。若一个人对你有好感，他就很可能给予你一些帮助，哪怕不能，他也会给予你一些指点。通常来说，你要是和某个人相处得很好，他将很难拒绝你。这就是关系好的益处。因此，我们有必要掌握一些缔造好关系的提问技巧。

缔造良好关系的关键，在于拉近彼此的心理距离。那么，我们该怎么做呢？其实方法很简单。不知道你会不会寒暄？也就是问寒问暖。实际上，这就是极好的表示关心、拉近距离的方法。如果你懂得与人寒暄，那么建立良好关系便很简单。在寒暄的过程中，关切之情，油然而生。当然，有些人讨厌与人寒暄，认为那说的都是"废话"，没有意义。这样的看法是不对的。

与人交谈，若你想融洽彼此的关系，那么就不要拒绝寒暄，也不要讨厌说"废话"。现在有不少的人做事目的性很强，说话也有同样的表现，谈话一开始，就直接奔着目标去。这种目的性极强的谈话方式，不是不好，只是它透着浓重的功利色彩，很容易让人产生反感的情绪。

在一次非正式聚会中，有位作家遇到了两名大学毕业生。其中一位大学生很认真地向作家介绍自己："您好，我叫××，今年刚从××大学毕业，现在正在找工作。"作家愣住了，赶忙接话说："是吗？那要加油啊，祝你早日找到满意的工作。"

很明显，这名大学生说话方式有问题。要知道，作家和他根本不熟，在对他的背景、个性以及特长一无所知的情况下，他传达给作家一个自己正在找工作的信息，这根本就是一种无效信息，对他找工作起不到任何作用。

相反，另一个大学生的交谈方式，就非常值得赞赏。他见到作家，很高兴，走上前去打招呼，问了一个看似无关紧要的问题："您好，先生，听说您是一名作家？"作家谦虚地说道："哦，哪算得上作家，只是随便写写而已。"这名大学生笑着说："我也是，平时也会写点东西，不过我更喜欢画画，我是一名美术学院毕业的学生。"

就这样，二人很自然地聊起了写作和画画的话题。两个人聊得很开心，大学生很自然地提到了找工作的事，作家很愉快地表示，自己很愿意引荐他认识在美术馆和画廊工作的朋友。

这就是寒暄之妙，其妙在自然。须知，拉近人的心理距离，最要紧的莫过于把握自然而然的节奏。看似废话的闲聊和寒暄，就有自然而然的力量。在我国，最常见的寒暄用语就是"你吃饭了吗？"想想，这样的问句有什么意思呢？基本上没什么意思。但人们每天都挂在嘴边，问得自然而然。而当你听到对方问这句话，你会有被关心的感觉。

尽管这些寒暄语本身并没有什么实际内容，但它却是人际交往中不可缺少的，它能使见面时的气氛变得融洽、活跃，增加人们之间的亲切感，从而促进彼此间的友谊与合作。正如一位人际关系专家所说："寒暄是人际交往的起点。"

在不同的场合，应该使用不同的寒暄语，这样的寒暄才算得体，才能起到润滑人际关系的效果。下面简单介绍了几种常见的寒暄用语及其应用方法，希望对大家有所帮助。

（1）问候式。最典型的问候方法就是问好，比如"你好吗？""你们好吗？""大家好吗？"等等，这些是人际交往中用得最多的一种问候语。这种寒暄的好处在于，交际双方都很热情有礼，话也说得比较得体，体现了一种亲和友善的关系，对于密切双方关系、增进彼此的友谊具有极其重要的作用。除此之外，还有诸如"你这是上哪儿去啊？""吃过饭了吗"之类的问法，这类问题虽然表面上是疑问句，但并不表示提问，而是交际双方见面时的一种问候，主要适用于熟识的人之间。

（2）攀认式。这个寒暄，简单地说，就是问双方共同或相似的地方，以达到拉近双方关系的目的。与陌生人交往时，只要细心观察，就不难发现双方总会有这样或那样的共同点或相似点，比如"同乡""同龄""共同的兴趣爱好""相似的经历"等，这些都是拉近双方关系的契机。比如："你是哪里人啊？啊，上海人，上海人好啊，我也算半个上海人。我在上海读了4年书，上海可以说是我的第二故乡。"

（3）夸赞式。这种寒暄的好处在于，可以融洽和活跃交谈气氛，使人得到心理满足。比如："哎呀，你这头发在哪里做的？好漂亮啊！"在赞美之前，加上一个恰当的问句，赞美效果会成倍递增。于是对方开心了，而且话题也有了，接下来的交谈自然就顺畅多了。

（4）描述式。针对某种具体的交际场景而发出的寒暄。比如对方正在做什么事、刚刚做完什么事或马上要做什么事，都可以成为寒暄的话题。例如："哟，最近这么忙啊，刚下班呢？""买了这么多菜！今晚要亲自下厨啊？"

（5）言他式。交际双方见面以后，以彼此本身以外的事物作为寒暄话题。例如："今天听天气预报了吗？预报说今天的气温高达38摄氏度呢！""嗯，这天儿可真叫热啊！"简单的两句话，可以迅速拉近双方的关系，沟通双方的情感。

以上就是几种常见的寒暄方法，别看简单，却十分有效。你可以根据场景选用。最后要提醒你注意的是，在问寒问暖的过程中，要把握三点要求：

第一，一定要自然。这点可以参看上面的大学生案例。

第二，一定要建立认同感。也就是要问对方感兴趣的事情。

第三，保持亲和的态度，表达热情，调谐气氛。

想让交谈更互动、热烈？不妨采用提问式交谈

鼓励他人进行深度对话和多说一些话，这是每个优秀提问者的任务。你还可以这样问："关于这件事，你能再多说一点吗？"接下来这样问："什么时候？发生了什么？怎样了？为什么？"弄清楚对方的情况和需求，你才会知道该怎么去做，而对方也会从你的了解中，体会到你对他的重视。你能多跟我讲讲吗？这是个简单有效的问题，你要经常问别人这个问题，以开启更为流畅的交谈。

丽丝女士是威登先生开户银行个人银行业务部的副总裁，她打电话给威登先生，想要和威登先生共进午餐。威登先生通常不会和客户预约午餐时间，但是丽丝女士在过去一年中，几乎每个月都会打电话给他，希望能够获得一个见面的机会。于是威登先生决定见见这位执着的女士，这样或许以后办理业务也能方便一些。

两个人选择在一家餐厅里碰面。威登先生到达的时候，她已经在那里等着了。服务员来点餐的时候，丽丝便开始讲起自己在银行里多年的奋斗历程："通过不懈地努力工作，我坐到了今天的这个位置。"

等到服务员把汤送上来的时候，丽丝女士又说起她将要去夏威夷度假的事情。她的语气中透着兴奋之情："我们每年都会去那里度假，我们非常享受住在大岛的那些时光。那是多么地令人愉快！"

到了吃沙拉的时候，丽丝又说起了她刚刚降生的小孙子，她一边说着，一边还从手提包中拿出了一些照片，亮给威登先生看。那种初为祖母的自豪，溢于言表。

喝完了餐后的咖啡，她看了看手表，很显然，到了该离开的时候了。她非常开心地说道："威登先生，真的非常荣幸，能和你共进午餐！我的心情很愉快，是的，我真的期待着和你再次见面！"

威登先生笑着说："是的，女士，我也很荣幸。"但是，丽丝后来再次打电话给威登先生，发出了盛情的邀请，威登先生却拒绝了她的邀请。这是怎么回事呢？答案其实很简单，因为丽丝完全搞错了。

通过这顿午餐，威登先生了解了丽丝的许多事情，可是，丽丝对于威登先生却一无所知。她没有问威登先生任何事，也没尝试着鼓励他说点什么，或问问他的个人情况，甚至连他的生意都没试着了解些什么。对于一个推销服务的人来说，这是完全不可想象的。

其实，她完全可以通过一些简单的开放式问题，了解一下她的客户，例如，"你能告诉我你对我们银行的服务感觉如何？"或者"你为什么要自己做生意？"再或者是"你是我们的重要客户，我们应该如何提高服务以满足你的需求？"

不过，最重要的问题，应该是这个："真的？你能多跟我讲讲吗？"是的，丽丝应该努力成为倾听者，而不是去做表演者。她该将表演的机会让给客户，让她的客户多讲讲，而她要做的是通过提问，获取更多的客户信息。

回想起那顿饭，威登先生很肯定地说："我的银行人员，竟然连一个了解我生意或职业的问题都没有问，其实她完全可以问我：'你是如何处理所面临的挑战的呢？'由于她对我的事务和要求并不关心，也没有对我目前的头等大事进行充分地了解，所以我有理由相信，她绝对无法为我提供更好的服务。"

丽丝就这样浪费了一个很好的机会。她想要得到更多的业务，建立起牢固的客户关系，便不能忽略对客户的了解和关心，但她并没有做到。从丽丝的故事，我们应该得到启发和教训。谈话不是独角戏。如果从头到尾都是你一个人在说，你就无法了解对方。

19世纪时，有位女士在一个月内分别同格莱斯顿和迪斯累利共进晚餐。这两个人都曾担任过英国首相，被公认为英国最伟大的政治竞争对手。

当别人问这名女士对这两个人的印象时，她回答道："在我和格莱斯顿先生共进晚餐之后，我觉得他是全英国最聪明的男士。"

当她的朋友问她和迪斯累利先生共进晚餐的感觉如何时，她回答道："在我和他共进晚餐后，我觉得自己是全英国最聪明的女人！"

当你让你们之间的谈话都围绕着自己时，别人也许会认为你很聪明，但这并不能在你们之间建立起信任，你也无从了解对方。同时，你也失去了一次打下长期深厚关系基础的机会。

因此，若你想要推销自己，那么就尽力表现自己的聪明吧，但如果你想要建立良好的关系，获得更多别人的信息，或者获得成交机会，那么你应该将表演的机会送给别人。

你可以问对方："能跟我多讲讲吗？"这样会让你们之间的对话和互动交流更加畅通。

"你能多跟我说说吗？"这是一个你随时能够用上的有效问题，甚至每天都可以用。

处于交谈劣势如何翻身？试一下连续发问法

要是你发现自己在交谈过程中处于劣势地位，或者很难搞清楚对方的真实想法时，你便可以考虑使用连续不断的提问方式，对对方发起最激烈的攻势，就好像突然而起的狂风暴雨，打乱对方的阵脚。在连续不断的问题轰炸之下，人们很容易有失误，或做出不自然的反应。

想象一下，面对一系列猝不及防的问题，你会是怎样的反应呢？你会觉得很棘手，很紧张，大汗淋漓。这就是连续提问的方式，往往能令人在几个问题之后，变得哑口无言。这就是连续提问方式的威力，它可以帮助你获得交谈的主动权，同时，还能够帮助你问出真话。

美国有所大学发生了一起抢劫案，该校一名教授被确定为嫌疑人。警察在对这位教授调查的过程中发现，这名教授的行为举止没有什么异常。此时警察深入大学中，在这名教授周围的同事与同学中间展开了调查，他的同事和同学都对这名教授有很好的印象，他们不敢相信这名教授会做出抢劫的事情来。

教授的表现十分镇定。他平静地对警察说，自己并没有犯罪。于是，警察决定采取了连珠炮式的讯问。当问及他关于抢劫案件的事情时，他总是摇头表示不知情；当警察问这名教授在抢劫案件发生的当晚他在何地的时候，这名教授表现出烦躁的情绪，并大声说什么也不知道。

虽然警察没有从教授的口中得到任何线索，但是教授面对连珠炮式的讯问时所表现出来的言语、行为及情绪反应，引起了警察的怀疑。假如教授就是抢劫案的主犯，那么他在什么时间、什么地点作案的，他作案的动机和目的是什么等。

警察没有放松对教授的调查，功夫不负有心人，不到一个星期，警察就找到了一名重要的目击证人，这名目击证人可以证明教授就是抢劫案的主犯，在证据面前，教授的矢口否认不起任何作用。当警察将人证和物证带到教授面前，他低下了一直高昂的头颅。

这个案例为我们提供了一个很好的提问技巧，那就是连续提问的方法，就好像机关枪扫射似的，这样的问法往往会让人穷于应付，如果对方说谎，则很容易在连续不断的问题攻势下露出破绽。

心理学家的研究也表明，对一个人进行连续的提问，是驳倒这个人的一种颇具成效的方法。这一点在律师身上体现得尤为突出。有些律师在对嫌疑人问话的过程中，当他们没有完全掌握足够的证据的时候，都会向嫌疑人问许多问题，目的就是让法官和其他辩护人从嫌疑人口中得到一些有价值的信息。要是嫌疑人被问得张口结舌，那就再妙不过有了，这正是律师所要的结果。

连续不断地提问，或许并不能让你一下子就找到真相，但却能让你最快地发现对方的破绽。可以这么说，连珠炮式的提问技巧是一种打破僵局的语言技巧。当找到任何突破口的时候，就准备好一大堆的问题，对罪犯进行连续的问题轰炸，这是警方最为常见的讯问方式之一。事实证明，这个办法对寻找突破口非常有效。

同时，如果你想要把握交谈的控制权，那么建议对这种提问方式多加学习。假如你遇到的是桀骜不驯、自以为是的人，连续的问题轰炸可以在最快的时间内抓住对方的弱点，击破其内心的堡垒。因为这样的人往往是喜欢提问题的，一旦让他们占据了话语的主动权以后，他们会喋喋不休，像个蜜蜂一样说个不停，这会让你的处境变得很不妙。

这个时候，赶快展开你的提问吧，尝试让对方接受你的问题轰炸。当然，最好让对方毫无防备，突然展开这样的提问，效果会更好。对方由于没有心理准备，所以在回答突如其来的问题时往往会表现得目瞪口呆、语无伦次，而他们慌乱的回答，恰恰是中计的表现。这种发问方式，就好像蜜蜂飞行过程中抖动翅膀时发出的声音一样，可以趁对手在毫无警惕的状态下发出聒噪声而将对方击倒，从而使自己占据话语主动权。

如果你向一个人提问的时候，起初并没有把这个人问住，这个人对你的提问对答如流。遇到这样的情况，不要气馁，也不要停止提问，你要继续向他们发问，直到让他哑口无言为止。记住，对方一定会有回答不出问题的时候，而这就是掌握话语主动权的最好时机。

连续不断地提问，能够使提问者获得话语主动权，从而问出人心中的实话。在关乎一个公司发展的商业谈判中，如果对手的谈判经验丰富，自己感觉非常没有自信的时候，不妨采用"连珠炮式提问"的方式来为自己解围。要想做到这一点，一定要紧紧抓住对方的破绽，然后以这个破绽为突破口对其进行连珠炮式的提问，使对方缓不过神来，使自己增强自信并夺回话语的主动权。

想要获取更多信息？围绕主题多发问

多问一问，尽可能多地收集信息，找出事情背后真正的原因。这样做可以让我们的行动更有针对性，并获得更多成功的机会。虽然我们不去问，也能够得到很多信息，但是那些信息绝大部分都是没有价值的，因为它们缺乏针对性——对于你想要达成的目的，没有太大的价值。所以，注重信息收集的丰富性，是在有针对性的前提之下：我们要围绕某个目的、某个主题去提问。

想要获得更加丰富的信息，最好的办法就是多问。除此之外，没有其他更好的方法，可以帮你获取更多的信息。

乔先生想要买一条吊带裤，他走进一家专卖店。当时他的头脑里就想着这么一件事：一条吊带裤。他没有想过要买别的东西。

那一天是周六早晨大约9点，商店刚刚开门。乔先生就走进专卖店，对着柜台旁边的小伙子说："我要买一条吊带裤。"小伙子很友善地回答了一句："嗯，好的，先生，请您到那边。"

于是乔先生过去，看到那边挂着一溜的吊带裤。他看了看，选了一条，然后回来了。小伙子问："您准备如何付款？"乔先生把信用卡拿出来，递给了那名小伙子，结了账之后，乔先生走出了店门。

整个购买过程，没有发生任何其他的事情，乔先生与小伙子几乎没有进行真正的交流。

随后，乔先生沿着街角，走了一段路，转到了一座电器城，他突然想起来，自己需要买一个20元的闹钟。他知道自己需要什么，并将需要牢记在心：20元的闹钟。

一个年轻的女孩站在门口，一见乔先生，就迎了上去，对乔先生说："您好，先生，欢迎来到电器城。"

乔先生点头说："嗯，你好。我需要一个闹钟。"

"哦，闹钟，"她说，"太好了。我们这儿有很多品种供您选择。"她走了两三步，指给乔先生看，然后转过头来问："先生，我能问您一个问题吗？"

乔先生点头道："可以。"

女孩说："我只是想知道，您为什么来我们商场，是什么把您引到这里来的？"

乔先生说："我想买闹钟。"

女孩说："但是为什么您决定今天购买呢？"

"哦，"乔先生告诉她，"是这样的，我刚在这里买了一套房子，可是我还没有闹钟。"

"啊，原来如此，那么，真的要恭喜您了，乔迁之喜，可不能马虎。顺便问一句，您有电视机吗？"乔先生意识到自己还没有电视机。于是女孩带着他去看了电视机。

接着女孩又说："顺便问一句，您有音响吗？"乔先生意识到自己还没有音响。于是女孩又带着他去看了音响。

女孩还问了乔先生一些其他的问题，因此，也带乔先生去参观了更多的东西。最终乔先生花了3000元，带着自己的闹钟走出了商场，当然，还有一些其他的东西。

注意以上两个销售员的差异。电器商场的销售员引导了会谈的进程——她围绕"那天为什么去商场"这个话题，与乔先生攀谈起来。

而男装专卖店的销售员未曾主动攀谈，没有问乔先生为什么到这里买衣服。因此，他没有赢得更多的业务。他的业务也成功了，只不过，他赢得的业务少了。

而电器销售员基于乔先生的实际行为提了一个重要的问题，因此使得她的销售引向深入。浅层沟通流于表面，获得信息量太少，只有深入的沟通，才能给你带来更多信息，更多利益。

假设你现在与一家会计公司合作，一天你接到了他们的电话。他们打电话跟你说："先生，我要找一种绿色的特殊用具。"你的目标不应该是简单地完成这个订单，你的任务还包括获取更多的客户信息，因此，你应该问他："为什么要绿色的呢？"收集更多客户信息，可以帮助你赢取更多的机会。

秦先生是一位培训师。有客户找他，他问了一个问题："我很疑惑。我知道你想要做销售培训，但是你如何得出结论要做培训的呢？"

客户们常会这样说："我们想提高销售业绩。"

秦先生则会说："不，我确信这点没错，你希望做销售培训是因为想提高销售业绩，但是，你是怎样得到这个结论的呢？你为什么认为销售培训就是解决问题的好途径呢？"

这样的问话，听上去就好像要自断后路似的。实际上，秦先生从问题的回答中可以获得大量的信息！通常，他可以发现客户是否与竞争对手在沟通，这些竞争对手是谁，为什么客户决定与那些竞争对手联系。

请注意，这种深入的沟通背后的奥妙：当秦先生向客户提那些看似自掘坟墓的问题时，他们经常会自愿透露有关存在哪些竞争对手及为什么与这些竞争对手沟通的原因等方面的信息。如果是你，你难道不想获知有关竞争对手的信息吗？

露西女士是某大型人寿保险公司的决策人，她决定要更换旅行社。为此，露西开始招标，有五家公司投标。然后五家公司都做了非常好的陈述。那么她选择旅行社的标准是什么，你认为呢？有人或许会说诸如价格、服务等标准。

然而事实上，没有任何一个方面的因素驱动露西作出这种决定。她决定更换新旅行社的最重要的原因是：她厌倦了一大早打电话给旅行社，却无法接通。可是，没有任何一家旅行社问到这个问题：为什么她决定更换旅行社？

因此，露西的标准就是你是否能在早上回复她的电话。在你花费大量时间和精力为客户制订方案之前，难道不想收集这些方面的信息吗？

第5章

玩转幽默，做个最受欢迎的人

爱因斯坦

只要我们活着，我们就要保持幽默感。

西塞罗

玩笑与幽默会给人带来快乐，而且常常可以产生巨大的作用。

莎士比亚

俏皮话就像练剑用的钝刀头子，怎样使也伤不了人。

蔡康永

气质可以假装，通常可以假装一晚上都不穿帮；而幽默感没办法假装，一分钟都假装不了。所以我珍视幽默感，远超过气质。

_\\/   {<::>}

幽默：活跃交谈气氛的绝招

> 美国心理学家赫布·特鲁曾经说过："幽默可以润滑人际关系，消除紧张，减轻人生压力，使生活更有乐趣。它把我们从个人的小天地里拉出来，使我们一见如故，寻得益友。它帮助我们摆脱窘迫和困境，增强信心，在人生的道路上知难而进。"

幽默是一个人的学识、才华、智慧和灵感在语言表达中的闪现，是一种"善于捕捉笑料和诙谐想象的能力"，是对社会上各种不协调与不合理的荒谬现象、弊端、偏颇、矛盾实质的提示和对某些反常规言行的描述。

美国心理学家赫布·特鲁曾经说过："幽默可以润滑人际关系，消除紧张，减轻人生压力，使生活更有乐趣。它把我们从个人的小天地里拉出来，使我们一见如故，寻得益友。它帮助我们摆脱窘迫和困境，增强信心，在人生的道路上知难而进。"因此说，幽默在人际交往中起着非常重要的作用。

在公共汽车上，乘客和售票员有时会有一些小摩擦，一点小事就会引起激烈的舌战。比如，有一次，一位乘客由于没有听清报站名，错过了站，于是他慌慌张张地擂门大叫："售票员下车！"而售票员瞪眼瞅着他，正在酝酿几句一鸣惊人的奚落话。假如这时有一位乘客能及时插嘴说："售票员不能下车。售票员下车了，谁来售票？"不但那位错过站的乘客会报以微笑，可能连售票员也会变得和颜悦色起来。

同样，当我们要表达内心的不满时，假如能够使用幽默的语言，那样别人听起来也会顺耳一些。比如，小陈和他的女朋友去咖啡店里喝咖啡，可是端上来的咖啡差不多只有半杯，这时小陈笑嘻嘻地对咖啡店主人说："我有一个办法，保证叫你多卖出三杯咖啡，你只要把杯子倒满就可以了。"

小陈巧妙地运用幽默来表达失望感，才没有让对方感到难堪。或许小陈并没有喝到满满一杯咖啡，可是小陈一定会得到友善、愉快的服务，咖啡店的主人便也会欢迎小陈下次再光临该店。

幽默是日常生活中不可缺少的调味品，比如当朋友们一块儿结伴去旅行，或者相邀聚会时，在旅途中的疲惫和长时间静坐相对无语时，一定会让人觉得沉闷难受，如果这时有人讲了一个笑话，一定能改变当时的气氛，增加很多乐趣。

无论在何种场合、何种时间，一个幽默的人必定比一个死板严肃的人受欢迎得多。即使是发生了令人尴尬的状况，也可以抹掉困窘，轻松处之。试着客观一些去面对你的过失，重新恢复情绪平衡，说个幽默的故事，气氛会马上变得轻松起来。

那么，我们应该怎样培养自己的幽默感以增加在人际交往中的砝码呢？

首先，你要做一个乐观自信的人。

幽默的心理基础是乐观、自信、积极向上的心态。一个悲观颓废的人是没有心情幽默的。要培养自己抵抗挫折的能力，做事情不怕失败，即使失败也要看到事情积极的一面，而不是一味地怨天怨地。不要怕受人嘲笑，还要善于自嘲，这种自嘲实际上是建立在自信的基础之上。

其次，注意锻炼自己的思维和表达能力。

幽默的谈吐具有反应迅速的特点，这就要求说话者思维敏捷、能言善辩。丰富的词汇有助于表达幽默的想法，如果词汇贫乏，语言的表现能力太差，那也无法达到幽默的效果。

最后，就是日常生活中不断地积累。

多读、多看、多听、多学，拥有的幽默资料多了，可以模仿、借鉴、参考的素材就多。试试在自己所处的情境下怎样套用别人的幽默话语，练习的次数多了，幽默就成了你自己所拥有的财富。记住不能为了幽默而幽默，强求幽默效果，反而会弄巧成拙。

总之，幽默是一种优美、健全的品质，恰到好处的幽默更是智慧的体现，当你掌握了幽默这门人际交往的艺术时，你会发现与人沟通不再是一件困难的事情。

张冠李戴：一种别致的幽默技巧

> 在说话的时候，如果故意用甲来代替乙，并使其在特定的
> 环境中产生不协调性，那样就能带来强烈的幽默效果。

我们在观看马戏团的演出时，经常会觉得那些穿人类服装的猴子、猩猩特别滑稽可笑，因为动物类本来不具有某些人类的特征，当把人类的东西强加于动物身上时，自然就会给人一种不协调感，所以容易让人们为之发笑。这就是张冠李戴所造成的喜剧效应。

同样，说话也是这个道理，如果故意用甲来代替乙，并使其在特定的环境中产生不协调性，那样就能带来强烈的幽默效果。

一次，当一位老师正在讲课的时候，一个调皮的学生在下面突然学起了鸡叫，课堂上顿时哄笑成一团。这时，这位老师镇定地看了看自己的手表，然后不紧不慢地说："看来我这块表走得实在是太慢了，竟然已经慢到了凌晨。但是，请同学们相信我，公鸡报晓是低等动物的一种本能。"同学们听到老师的话后，一边笑，一边用责备的眼神注视着那个恶作剧的同学。那个同学的脸早已通红，课堂渐渐安静了下来，这位老师又继续上课了。

这位老师说的话引起了同学们的一笑，不仅活跃了课堂气氛，而且还使那位恶作剧的同学感到羞愧，停止了恶作剧，可以说是一举两得。老师的话妙就妙在没有直言指责那位恶作剧的同学，而是使用环境替代法使其形成强烈的反差，所以产生了幽默感。这种不直接表述某种事物，或不直说某事某人的名称，而是用其他相关的词语、名称来取而代之的幽默方法，我们称为"张冠李戴"。

选择恰当的"冠"，主要有两种方法。一种是从现成的行业术语、专业术语、政治术语中去选择，另一种是在说话过程中选择适当的词语来完成换名，这种选择和应用相对要难一些，但只要替代得好，就会更有现场效果和机智的幽默感。

某班要进行历史考试，老师对学生们说："考试的时候，请同学们'包产到户'，不要走'共同富裕'的道路。"同学们都知道老师说的话的意思是不允许大家抄袭别人的考卷，要自己答自己的卷子。但是，老师的话妙就妙在没有直接说出考场纪律，而是用农村改革中的两个专有名词来说明。"包产到户"代替"自己答自己的卷子"，"共同富裕"代替"互相抄袭"。因为"包产到户"和"共同富裕"的巧妙借喻打破了考场上紧张严肃的气氛，从而形成了强烈的反差，产生了幽默感。

一名记者对某位长寿老人进行采访，请他谈一谈长寿的秘诀。老人笑着回答："秘诀只有一个，那就是保持'进出口平衡'。"这句话，让在场的所有人都笑了。"进出口平衡"本来是外贸行业里的一个常见术语，却被这位老人借代到饮食养生问题上来，其言外之意是显而易见的，说明了新陈代谢对身体的重要意义，让人听了感觉趣味无穷。

此外，运用张冠李戴幽默术时，还可以采用以古代今或以今代古的方法，由于这种张冠李戴时空跨度很大，相互代指很容易产生幽默的效果。

有位老师在给同学们讲《有为神农之言者许行》这篇课文，当讲到许行穿的、戴的、用的都是"以粟易之"时，她是这样说的："许行每天都忙得不得了，今天去超市，明天去百货批发公司，后天又得去工厂加工订货……"讲得同学们都开心地大笑起来。

这位老师是有意张冠李戴，用现代的名称和事物代指古文中的"以粟易之"，这种借代方式使人容易理解原文的意思，并且由于它具有幽默的效力，还能让同学们在轻松愉快的氛围里专心听讲。

不过，在运用张冠李戴的幽默方法时，要注意一个要点，就是在采用借体时，要让双方都明白那个借体——"用来代替的事物"是怎么回事。如果采用对方不明真相的借体，你的幽默力量就不会传递给对方，那么你的幽默也就不会成功了。

夸大其词：渲染出来的幽默

夸张要产生幽默，还要同生活中的错谬乖讹或滑稽可笑之处相联系，也就是通过对生活中的乖讹可笑之处极力地进行夸大渲染，来揭示生活中某些不合理或不和谐的现象，进行善意的嘲讽和规劝。

相信大家对国外电影明星印象最深刻的应该就是卓别林了吧！只要一提起他，没有人不会想到他的那身行头，那手杖，那衣服，那特大皮鞋，还有他那外八字腿别别扭扭的走路动作。只要模仿他的人把这些都模仿到了，他的味道也就有了。因此说，他是公认的幽默大师，而这一切都是得益于他的"夸张"！

夸张，是一种为了达到某种表达需要，对事物的形象、特征、作用、程度等方面故意进行夸饰铺张，言过其实地进行扩大或缩小而引起想象力的修辞手法。夸张与吹牛不同，吹牛只是简单地吹嘘自己的能力，而夸张则要故意扩大或缩小客观事物，不过仍然能够让人感到真实而合理，从而达到幽默的效果。

夸张是幽默的重要基石，它能使平凡的生活琐事带上一层放大的色彩，从而产生强烈的幽默感。一般常采取大词小用、小词大用，并根据现有条件进行合理想象和似是而非的逻辑推理，将结果极力夸饰变形，产生诙谐幽默的效果。

一个法国女人、一个英国女人和一个美国女人在一块儿聊天，她们正在吹嘘自己国家的火车是多么地快。

法国女人说："我们国家的火车快极了，路边的电线杆看起来就像花园里的栅栏一样。"

英国女人赶忙接上说："我们国家的火车真是太快了！当火车在向前走的时候，要往车轮上不断泼水，否则，车轮就会变得白热化，甚至会熔化。"

这时，那位美国女人不以为然地说："那又有什么了不起的！有一次，我坐我们国家的火车去旅行，我女儿到车站送我。我刚坐好，车就开动了。我连忙把身子探出窗口去吻我的女儿，没想到竟然吻着了离我女儿10英里远的一个满脸黑乎乎的农村老农夫。"

2006年的央视春晚，赵本山与宋丹丹、崔永元合作演出的小品《说事儿》，其中有这么一段：

白云（宋丹丹）："你说就他吧，就好给人出去唱歌，你说就这嗓子能唱吗？那天呢，就上俺们那儿敬老院给人唱歌，总共底下坐着7个老头，他'啊'的一嗓子喊出来，昏了6个。"

小崔："那不还有一个嘛。"

白云："还有一个是院长，拉着我的手就不松开，那家伙可劲地摇啊：'大姐啊，大哥这一嗓子太突然了，受不了哇，快让大哥回家吧，人家唱歌要钱，他唱歌要命啊！'"

即使本山大叔唱歌再吓人，也不至于7个大爷昏倒6个吧！这里分明是采用了夸张的语调，告诉小崔本山大叔不擅长唱歌。

在和人交流时，如果采用夸张的说话方式巧妙暗示，就容易产生特殊的幽默效果，那样，不但不伤和气，还能表达出自己的看法和意图，而且夸张制造出来的幽默，常常带有讽刺意味。

马克·吐温有一次坐火车到一所大学讲课。由于上课的时间很快就要到了，他非常着急，可是火车却开得很慢，于是他想出了一个发泄怨气的办法。当列车员过来查票时，马克·吐温故意递给他一张儿童票。列车员一看，故意仔细打量，说："真有意思，看不出您还是个孩子哩！"马克·吐温说："我现在已经不是孩子了，但我买火车票的时候还是孩子，因为火车开得实在太慢了。"

火车开得很慢确是事实，但也不至于慢到让一个人从小孩长成大人。原本马克·吐温想说的是车速太慢了，可是他没有直接向列车员抱怨自己的不满，而是巧妙地把火车的缓慢程度进行了无限制的夸张，令人捧腹大笑，在相对轻松的氛围里表达了他的抗议。

不过，需要注意的是，并不是所有夸张都能产生幽默。如"白发三千丈"就只是夸张名句而并非幽默，夸张要产生幽默，还要同生活中的错谬乖讹或滑稽可笑之处相联系，也就是通过对生活中的乖讹可笑之处极力地进行夸大渲染，来揭示生活中某些不合理或不和谐的现象，进行善意的嘲讽和规劝。

此外，夸张的形式很多，幽默的夸张只是取其喜乐的一方面。有人在形容"危险"二字时说：盲人骑瞎马，夜半临深渊。这可谓是夸张到极致，足以令闻者惕然心惊。又如，有人在形容光头人士时说：你的头就像太阳一样明亮。这种明褒实贬式的夸张，足以让人恼羞成怒。像这样的夸张都不是幽默的夸张，因为幽默不是要让人惕惕然，更不是让人愤愤然，而是要让人欣欣然如沐春风，这才是幽默的原则。

巧设悬念：吊足听者的胃口

在和别人聊天时，巧设悬念是幽默技巧中最常用的一种。在运用此幽默方法时，说话者故弄玄虚，布下疑阵，给别人造成一种猜疑和紧张的心理状态，使人在心理上掀起层层波澜，激起别人急于知道答案的欲望，最后再用关键性话语一语道破，让人出乎意料，捧腹大笑。

古人云："文人看山不喜平。"大多数人都是这样评价会说话的人的："看，他多幽默。""看，他一开口就妙语连珠，和他聊天总能让人有意想不到的发现。"这就是设置悬念表现出来的效果。

在和别人聊天时，巧设悬念是幽默技巧中最常用的一种。在运用此幽默方法时，说话者故弄玄虚，布下疑阵，给别人造成一种猜疑和紧张的心理状态，使人在心理上掀起层层波澜，激起别人急于知道答案的欲望，最后再用关键性话语一语道破，让人出乎意料，捧腹大笑。

苏州园林网师园有一个"月到风来亭"，此亭傍池而建，面东而立，亭后装有一面大镜子，将前面的树石檐墙尽映其中。

这天，一名导游带领游客到此游览时，这位导游对大家说："每当皓月当空的夜晚，在这里可以看到三个月亮。"此话一出，引起了众游客的极大好奇：天上一月，池中一月，怎么会有第三个月亮呢？当游客的脸上露出迷惑不解的表情时，这位导游才一语点破："第三个月亮在镜中。"

众游客顿时恍然大悟，被这位"卖关子"的导游逗得大笑了起来，高兴之余还赞叹大镜子的安置之妙。

巧设悬念，也就是"卖关子""吊胃口"的意思。说话者用一本正经的语气来制造玄虚的悬念，使听者产生紧张的期待心理，并极力思考、琢磨、判断。最后，说话者突然说出对方连做梦也想不到的结果，而结果又在真与虚之间，这时听者的神经在这一张一弛的巨大反差中，巨大的幽默效果就自然产生了。

一天，有个香烟商人在一个集市上大谈抽烟的好处。突然，一个老人从人群中走出，径直走到台前，让那位商人吃了一惊。

老人在台上大声说道："女士们，先生们，对于抽烟的好处，除了这位先生讲的以外，还有三大好处哩！"

商人一听老人说的话，马上向老人道谢："谢谢您了，先生，看您相貌不凡，肯定是位学识渊博的老人，请您把抽烟的三大好处讲给大家听听吧。"

老人笑了笑，说："第一，狗害怕抽烟的人，一见就逃。"台下一片轰动，商人暗暗高兴。"第二，小偷不敢去抽烟者家偷东西。"台下连连称奇，商人更加高兴。"第三，抽烟者永远年轻。"台下听众惊作一团，商人更加喜不自禁，都要求老人解释一下这是为什么。

老人把手一摆，说："请安静，我现在就给大家解释。"

商人格外兴奋地说："老先生，请您快讲。"

"第一，抽烟人驼背的多，狗一见到他以为是在弯腰捡石头打它呢，能不一见他就逃吗？"台下许多人笑出了声，商人吓了一跳。"第二，抽烟的人夜里爱咳嗽，小偷以为他没睡着，所以不敢上他家去偷东西。"台下一阵大笑，商人大汗直冒。"第三，抽烟人很少有长命的，所以没有机会衰老，能不永远年轻嘛！"台下哄堂大笑。

此时，大家去找那名烟草商人，发现他早就不见了踪影。

上面这则幽默一波三折，层层推进，把听众的思绪一步一步推向迷惑不解的境地，在把听众的胃口吊得足够"馋"时，才一语道破天机。按照常规思维，抽烟是应该遭到反对的，当老人走到那名大谈抽烟好处的商人旁边时，一般人认为老人要提出反对意见，谁知老人却也是大谈抽烟的好处。商人和听众一样大惑不解，因而急切地想知道原因。最后，老人以幽默的话语作了妙趣横生的解释，既让听众开心，又让听众从商人的欺骗性话语里走出来，意识到抽烟的危害性。

要注意的是，在和别人聊天讨论时，使用设置悬念幽默法也是需要技巧的。首先，一定要做好充分的铺垫，不要急于求成。你所说的话要让听者对结果产生错误的预料，然后在听者的急切要求下再将"谜底"揭露出来，给听者一个思考的时间，这样听者就能更加深刻地领略话中的奥妙了。其次，在使用此种幽默法时，要注意不要故弄玄虚，不着边际。任何幽默都要求自然得体、顺理成章。如果做得太明显，不但不能让人产生幽默，反而会让人觉得无聊乃至反感。

一语双关：机智的巧妙呈现

语意双关幽默术作为一种实用的幽默技巧，谁都可以在适当的时候把它派上用场。不过，要注意的是，在运用这个幽默技巧之前，你必须找到一个能容纳不同意思的概念或词语，还要让两个概念在具体的上下文中能同时显现。

"一语双关"可以说是幽默最厉害的招式之一，它不只是"幽默"而已，同时还隐含了"智慧"的成分。若"一语双关"应用得恰如其分，则能活脱脱地表达出对人与事的看法，不但会让人们"不禁莞尔"或"哈哈大笑"，更是"机智人生"的呈现。

所谓双关，即你所说的话包含了两层含义：一层是这句话本身的含义；另一层是引申出来的含义，幽默就从这里应运而生。也可以说是言在此而意在彼，让听者不光从字面上去理解，还能领会言外之意。

有一对年轻夫妇走进一家餐馆用餐，丈夫出手大方，一口气点了满满一桌子菜。结果两个人因点菜过多，没能吃完，只得惋惜地起身准备离开。这时，一位热情的女服务员走了过来，递给他们一个食品袋，笑着说："二位别急着走呀！来，请你们吃不了兜着走吧！"话音刚落，这对夫妻忍不住"扑咻"一笑，然后感激地接过食品袋，把桌上剩余的菜肴都装下拎走了。

"吃不了兜着走"通常是"吃不消"的意思，但是那位女服务员却根据当时的情境，把它的原意"吃不了的饭菜用袋子装好带走"还原使用，使一句原本含有威胁、损人的话变成了风趣、幽默、充满温暖之意的话。

一天，一对年轻男女结婚。晚宴之后，亲朋好友来闹洞房，而且越闹越凶，半夜不散。这时，有人提议新娘吟一首诗来助兴。只见新娘想了想，微微一笑，娇声吟道："谢天谢地谢诸君，肚内无才哪会吟？记得宋人诗一句，春宵一刻值千金。"真是一语惊人。

新娘巧妙地引用了苏东坡《春夜》中的一句诗："春宵一刻值千金，花有清香月有明。"语意双关，委婉含蓄地劝告各位亲朋好友闹洞房要适可而止，让大家（尤其是新婚佳偶）都珍惜这值千金的春宵一刻。亲朋好友听完这首诗，都心领神会，便高兴地告辞了。

我们可以看出，双关表面上的意思，不是说话人的真正意图，它要表达的意思是"弦外之音"。所以，我们要想理解双关语，真正要领会的就是那"弦外之音"和"言外之意"。

小范是某公司的采购员，有一次，她去一家工厂采购一批货物。虽然货物适销对路，可是价格却超出了预算。因此，小范希望通过协商，能使价格适当降低一点。

在与该厂业务经理商谈时，小范并没有急着跟他谈正事，而是先跟他拉起了家常。交谈中，小范得知经理喜欢下围棋，恰好小范也略通此道，就和他聊起了围棋。看聊得兴起了，小范就借题发挥说道："我觉得这下围棋和做生意的道理是相通的。下棋时，有时占点小便宜却吃了大亏，有时吃点小亏却能占大便宜，您说是不是这个理？"这样，两个人的话题很自然地就转到了生意上。

　　谈到价格问题时，小范说："您厂的产品质量让人很放心，就是价格让我们有点难以接受，您看能不能高抬贵手，给我们减轻一点负担？"看到经理有些犹豫，小范又开玩笑说："我们这次的进货量不大，是因为这是第一次进你们的货，想少进试销。等以后销路打开了，进货量就大了。能不能打开销路，还要靠咱们厂家的支援。我看您就先弃我两子，准备在以后杀我一大片吧！"经理一笑，态度大为松动，最后终于同意适当降低产品的出厂价格。

　　这个事例中，小范先是用与业务无关的话题营造良好的气氛，当她转换话题时，等于把这种好的气氛带进了业务谈判中。在谈判即将陷入僵局时，又巧妙地以下棋为喻，到最后叫经理先让她两子，以后再杀她一片。表面上的意思是在下棋时先让她两个棋子，后面再杀她个片甲不留，其实真正的含义则是要求经理在价格上给予让步，并希望以后能够长期合作，互惠互利。此处的一语双关用得真是非常巧妙。

　　语意双关幽默术作为一种实用的幽默技巧，谁都可以在适当的时候把它派上用场。不过，要注意的是，在运用这个幽默技巧之前，你必须找到一个能容纳不同意思的概念或词语，还要让两个概念在具体的上下文中能同时显现。

　　此外，运用语意双关，还可以把你的攻击锋芒掩盖起来，让对方在你看似温和的言辞中，明白你真正的意图。它的效果将使你的智慧、情感和人格得以升华，让你在交谈中立于不败之地。打个比方，有一个不太熟悉的人向你借钱，并要求你替他保密，而你并不想借钱给他，应该怎样拒绝他呢？如果直接回绝也许有些不妥，这时你可以故作神秘地对他说："你放心，我一定替你保密，这事儿我就当没听见一样。"这里的"就当没听见"，不但指对方的保密要求，也暗含了对方借钱的要求。既然没听见借钱的要求，自然也不会借钱给他。这个小幽默的精妙之处全在于此。

幽默式批评：避免尴尬又能增进感情

如果在批评中适当地运用幽默，比如在批评他人的过程中使用含有哲理的故事、双关语、形象的比喻等，就能缓解被批评者的紧张情绪，启发被批评者的思考，从而增进相互间的感情交流，使批评能有一个轻松愉快的气氛。其效果要远胜于疾言厉色的批评或是苦口婆心、喋喋不休的劝诫。

一般来说，批评性谈话具有否定性，极易造成谈话双方心理上的不相容性和相互排斥性，最终影响谈话效果。但是，如果在批评中适当地运用幽默，比如在批评他人的过程中使用含有哲理的故事、双关语、形象的比喻等，就能缓解被批评者的紧张情绪，启发被批评者的思考，从而增进相互间的感情交流，使批评能有一个轻松愉快的气氛。幽默婉转的批评，往往能让人在笑声中坦然接受，其效果要远胜于疾言厉色的批评或是苦口婆心、喋喋不休的劝诫。

伏尔泰曾有一位仆人，有些懒惰。一天，伏尔泰请他把鞋子拿过来。鞋子拿来了，但上面布满了泥污。于是伏尔泰问道："你早晨怎么不把它擦干净呢？""用不着，先生。路上尽是泥污，两个小时以后，您的鞋子又要和现在的一样脏了。"伏尔泰没有说话，微笑着走出门去。仆人赶忙追上去说："先生慢走，钥匙呢？合橱上的钥匙，我还要吃午饭呢。""我的朋友，还吃什么午饭。反正两小时以后你又将和现在一样饿嘛。"

伏尔泰巧用幽默的话语，批评了仆人的懒惰。如果他厉声呵斥他、命令他，就不会有这么好的效果了。

幽默式批评具有春风化雨、润物无声的效果，能使人获得一种情感上的滋润，营造一种融洽的氛围。如果能通过幽默来批评他人，不仅能表现出你的机智和宽容大度的修养，而且能够使人感受到温馨和期待，最终达到教育他人的目的。

几个属鼠的同学在一次考试中考得特别好，挺得意，有点骄傲，当他们的班主任发现以后，就对他们说："怎么，骄傲了？你们知道骄傲意味着什么吗？请注意下午的班会。"听完老师的话，那几个学生想：糟了！在下午的班会上，等待他们的准是一阵猛批！

可没想到的是，班主任的批评并非狂风暴雨，相反，却是妙趣横生。他说："林子要是大了，什么鸟儿都有；天下大了，就什么老鼠都有。我听过这么一个故事：有只小老鼠发现两个孩子在下兽棋，小老鼠就悄悄地看，还发现了一个秘密：尽管兽棋中的老鼠可以被猫吃掉、被狼吃掉、被虎吃掉，却可以战胜大象。于是这只小老鼠立刻认定，自己才是真正的百兽之王呢！这么一想，小老鼠就得意了起来，从此瞧不起猫、看不起狗，甚至拿狼开心。有一天，它还大摇大摆地爬到老虎的背上，恰好老虎正在打瞌睡，懒得动，就抖了抖身子。小老鼠于是更加得意。一次，它趁着黑夜钻进了大象的鼻子，大象觉得鼻子痒痒的，就打了个喷嚏，小老鼠立马像出膛炮弹似的飞了出去，最后，扑通一声掉到了臭水坑里！好，现在我们来看一下'臭'字的写法，'自''大'再加一点就是'臭'。今年正好是鼠年，咱们班有不少属鼠的同学，那么，这些'小老鼠'们会不会也掉到臭水坑里呢？我想不会，但必须有一个条件，那就是永不骄傲！"

说完，这位班主任还特意看了看那几个属鼠的同学。那几个同学当然明白，老师的批评，全包含在那个有趣的故事里了！他们很感激自己的班主任，很快改正了自己的缺点。

尽管很多幽默被用于揭露弊端，讽刺卑俗和愚蠢，不过它绝对没有锋芒毕露、咄咄逼人的气势，也不是无情的嘲笑与谴责，它总是和颜悦色、心平气和地纠正人们的毛病与缺点，让人们在笑声中看到自己或他人的丑行或影子，然后彻底悔改。

在一家餐馆里，一位顾客正在把米饭里的沙子一粒一粒地挑出来摆在桌子上。服务员不好意思地说："净是沙子吧？"顾客笑笑，摇摇头说："不，还有米饭。"

这位顾客没有直接批评米饭的质量，而是抓住服务员说的"净是沙子吧"来做文章，便说"也有米饭"，通过否定的形式来肯定米饭中有很多沙子，就显得比较委婉。这样说既表达了自己米饭中沙子过多的不满，又不至于让对方过于尴尬。

幽默式的批评绝对是一种艺术，它能避免因严厉的批评带来的逆反心理。不过，要注意的是，不可以滥用幽默讽刺来挖苦他人，因为无论幽默式批评多么高明，都难免带有讽刺意味，如果有意或无意地贬损了他人的人格，那就会产生极大的负面效应。总之，使用幽默式批评时不要牵强附会、生拉硬扯，否则将会适得其反。

超|级|聊|天|学
ChaoJiLiaoTianXue

第6章

聊天有禁忌，小心祸从口出

富兰克林

争吵是一种人玩的游戏。然而它是一种奇怪的游戏，没有任何一方曾经赢过。

哈代

说话随便的人，便是没有责任心。

培根

那些乱插话者，甚至比发言冗长者更令人讨厌。

莎士比亚

要想到什么就说什么，凡事必须三思而行。

_/   {<::>}

不扬人恶，不揭人短

> 我们每个人都有自己的缺陷和弱点，这些都是我们不愿意触及的"疮疤"，是我们在社交场合上想极力隐藏和回避的问题。对于任何人来说，被击中痛处都不是一件愉快的事。因此，千万不要随意揭人之短。

我们每个人都有各自不同的成长经历，都有自己的缺陷和弱点，也许是生理上的，也许是隐藏在内心深处不堪回首的往事，这些都是我们不愿意触及的"疮疤"，是我们在社交场合上想极力隐藏和回避的问题。对于任何人来说，被击中痛处都不是一件愉快的事。尤其是别人身上的缺陷，千万不能用侮辱性的语言加以攻击。不管是什么人，只要你触及了这块疮疤，他们不但会对你失去好感，而且他们会为了寻找心理上的平衡，而采取一定的方式进行反击。即使他当时不予还击，以后，他也会记恨你一辈子，甚至你会为你的口无遮拦付出沉重的代价。

明朝开国皇帝朱元璋，在他做了皇帝之后，有一个儿时的伙伴到京城找他，想让朱元璋给他封个一官半职。

朱元璋的这个伙伴千里迢迢地从老家凤阳赶到南京，几经周折总算进了皇宫。一见到朱元璋，这老兄就当着文武百官的面大叫大嚷起来："哎呀，朱老四，你当了皇帝可真威风呀！还认得我吗？当年咱俩可是光着屁股一块儿长大的呀，你干了坏事总是让我替你挨打。记得有一次咱俩一块儿偷别人的鱼，背着大人用破瓦罐煮，鱼还没有煮熟，你就先抢来吃，结果把瓦罐都打烂了。当时你吃得太急，鱼刺卡在喉咙里，还是我帮你弄出来的。你都还记得吧？"

这一通话让宝座上的朱元璋坐不住了，心想此人太不识趣了，居然当着文武百官的面揭他的短，他这个皇帝的脸往哪里搁啊。可是这老兄并没在意，仍然在那儿喋喋不休唠叨个没完。盛怒之下，朱元璋只好下令把这个儿时的哥们儿杀了。

上例中的那个人就是因为揭了朱元璋的短，让他在文武百官面前下不来台，所以才招来杀身之祸。同样，在现代社会，揭人之短也是要不得的。

有个公司组织旅游，公司职员一起去了张家界。晚上大家吃完晚饭，就在宾馆附近散步，同事们聊得热火朝天。聊天气氛本来很好，可是当说到打麻将这个话题时，一向快言快语的王小凤就说李军的麻将瘾特别大。其实李军早就不打麻将了，于是他就争辩了一句，可是王小凤非但没有停止，反而说："你不打麻将鬼才信呢！前几年，你每天一下班就到处找人打，你儿子放学连家都回不了，晚上你玩到深更半夜才回家，你这爸爸当得太不称职了，导致你儿子学习那么差！"李军听了这几句话，脸立刻红透了，他生着气自己先回宾馆了。

李军向来最怕别人说他打麻将的事，尤其是当着这么多同事的面，他不想让别人知道他以前爱打麻将的事，可王小凤竟然当众揭他的短。李军非常生气，他原本和王小凤相处得还可以，可自此李军再也不跟王小凤说话了。王小凤后来也觉得那天说的话挺对不住李军的，有一次遇到李军，她主动跟他打招呼，李军看都不看她一眼，王小凤觉得很尴尬，从那以后两个人就像陌路人一样，不再往来。

所以说，即使两个人关系很不错，说话也不能口无遮拦，每个人心里都有一块自留地，我们必须尊重别人，不能说伤人自尊的话。

此外，通常来说，人们对于自己的忌讳都极为敏感。由于心理作怪，往往会把别人的无意当成有意，把无关的事主动与自己相联系。有时，你随口说一点什么事，也很可能被视为对他的挖苦和讽刺，正所谓"说者无意，听者有心"。所以，在和别人说话时，你不但要避开那些忌讳之点，同时还应注意不要提及与其忌讳之点相关联的事物，以免造成对方的误会，以至使他的自尊心受到无谓的伤害。

玩笑适当，不要过火

得体、适宜的玩笑有时能够使一些麻烦事很顺利地得到解决，从而避免了双方的难堪，这样有利于保持朋友之间的和气。但是，就像说其他形式的话一样，开玩笑也要把握分寸，不要随便开，要得体，否则会适得其反，弄巧成拙。

开玩笑是控制情绪、激励自己以及处理人际关系中的重要手段。它就像一种精神"调节剂"，会使人与人之间产生某种程度的轻松愉快的感情交流，这对于工作和生活是非常有益的。

在某些场合，开一些玩笑能显示一个人高超的说话水平。朋友们相聚时，开一两句得体的玩笑，既不伤大雅，又能增进感情，还能活跃气氛。因此，谈吐幽默、风趣的人，总会受到朋友的欢迎与喜爱。

著名的幽默大师斯蒂芬先生为人开朗、健谈，所以深受朋友们的尊敬与爱戴。

一天，一位多年不见的朋友带着他的孩子来家里看望斯蒂芬。正当他俩谈得兴趣正浓时，那个壮得像牛犊的孩子爬上了斯蒂芬的床，更不幸的是，他把那床当成了蹦蹦床，在上面又蹦又跳，床被他折腾得不像样子。斯蒂芬看在眼里，疼在心上。如果直接请他下来未免有些不留情面，会让老朋友产生歉意，脸上有点挂不住；如果装作视而不见，他这么折腾也不是个办法。

于是，斯蒂芬灵机一动，幽默地说道："让你的儿子回到地球上来吧，别在月球上跳了，那上面很危险！"

朋友立即心领神会，把儿子抱到地上玩。之后两人相互对视，坦然笑之。

不愧为大师！一则幽默一箭双雕，既让老朋友的面子保住了，也达到了自己的目的。

得体、适宜的玩笑有时能够使一些麻烦事很顺利地得到解决，从而避免了双方的难堪，这样有利于保持朋友之间的和气。但是，就像说其他形式的话一样，开玩笑也要把握分寸，不要随便开，要得体，否则会适得其反，弄巧成拙。

小洁和小曼是很要好的同事。一次在公司举办的聚会活动中，小洁突然心血来潮地想拿小曼"开涮"，她一本正经地对周围的人宣称小曼在无意中捡到了20万元钱。

结果当晚，小曼家的电话简直成了"热线电话"，一直响个不停，有人想跟她借钱，也有人想要和她合作做点小生意，等等。无论小曼怎么解释说那只是小洁的一句玩笑话，可这些人就硬是认为她的话是"此地无银三百两"，真是令小曼哭笑不得，左右为难。

一连几天，小曼家的电话还是响个不停。就这样，小曼原本平静的生活被打破了，忍无可忍的她一纸诉状把小洁告上了法庭。

法院经过审理，最终作出判决，小洁不但要向小曼赔礼道歉，还要赔偿精神损失费。

这就是小洁开玩笑不注意分寸所造成的后果。那么，在开玩笑时，要注意哪些事项呢？

1. 要因人而异

相同的玩笑，开在不同的人身上，其效果往往会截然不同，这是由每个人的身份、性格、性情、观念等的不同而引起的。更为重要的是，他们对玩笑的承受能力也往往不同。所以，开玩笑要注意对象。

一般来说，在熟人、同乡、同学、老同事、老部下之间，说些幽默风趣的话，即使玩笑开得有些过火也无伤大雅。但如果是上级、名人、长者、陌生人、女性尤其是妙龄少女、性格忧郁或孤僻的人、对工作或职业不满的人，一般不宜随便开玩笑，否则会适得其反。

在同辈人之间开玩笑，要注意对方的情绪信息和性格特征。如果对方性格外向，能宽容忍耐，幽默稍微过大也无妨；如果对方性格内向，喜欢琢磨言外之意，开玩笑就要慎重了。对方尽管平时开朗，但若恰好碰上不愉快或伤心之事，就不能随便与之开玩笑。相反，对方性格内向，但正好喜事临门，此时与他开个玩笑，幽默的氛围也会一下子凸显出来。

2. 不要拿朋友的身体缺陷当笑料

一般来说，身体有缺陷的人大都特别敏感，有的人在朋友面前哗众取宠，或用朋友的缺陷来作为笑料，这样虽然能博得别人暂时一笑，可是却会伤了那位有缺陷的朋友的心，他会认为自己的人格受到了侮辱，甚至会当场和你反目。比如，你的一位朋友身材比较矮，你喊他"武大郎"；某位男士长得比较精瘦，你就叫他"魔鬼身材""小麻秆"；某位女士很胖，并且穿了一身不怎么合适的斜纹衣服，你说她"斑马来了"；等等，诸如此类的玩笑都会伤害朋友的自尊心。

3. 在异性朋友面前要注意"语言美"

有异性朋友在场时，千万不要开下流的玩笑，更不要故意讲社会上流传的某某人的绯闻。特别是单独和异性相处时，更要注意"语言美"，否则，就容易使对方怀疑你的人品。

4. 要注意场合

当朋友们在商量一件严肃的事情时，你最好安静地待在一旁，如果随便插嘴去开玩笑，就会显示出你的轻浮和浅薄。

5. 内容要高雅

玩笑应该有利于身心健康，增进团结，摒弃低级趣味。笑料的内容取决于玩笑者的思想情趣和文化修养。内容健康、格调高雅的笑料，不但能给对方以启迪和精神的享受，也是对自己美好形象的有力塑造。

6. 态度要友善

与人为善，是开玩笑的一个原则。开玩笑的过程，是感情互相交流传递的过程，如果借着开玩笑对别人冷嘲热讽，发泄内心厌恶、不满的情绪，这是万万不行的，这样做将会破坏你的人际关系。

开玩笑时不应含有蔑视别人职业的成分存在。如果你拿来开玩笑的职业和对方的职业无关的话，那倒还不要紧。如果你开玩笑的职业正是对方的职业，那就不太好了。一般人虽然未必对自己的职业不满，可是和别人谈到自己的职业时，总是要客气一些，以表示自己的职业不如对方。如果玩笑的话题涉及职业的话，你一定要先弄清楚对方的职业才行，否则你的玩笑不但达不到应有的效果，反而会适得其反。

注意！不说有损形象的口头禅

如果你不想让口头禅成为自己交际的绊脚石，就要随时多加注意。你可以问问身边的人，自己有哪些口头禅，然后把好的口头禅留下来，把那些不好的口头禅，从生活中驱逐出去。这样，才能减少不良口头禅对自己的消极影响，从而让自己成为真正的聊天高手。

不知你是否注意过，身边的朋友说话时，有多少人带着口头禅？也许有些人说10句话，包括8个"然后"；有些人好像从来没有过顺心如意的时候，老是把"郁闷"挂在口头；美国总统奥巴马无论说什么都要说个"恕我直言"；肯尼迪的女儿接受《纽约时报》采访时，曾一连说了142个"你知道"。无论贫富贵贱、文化素养高低，口头禅就像黏在人嘴边的膏药，甩也甩不掉。可是，在现代社会交往中，如果不多加注意，口头禅就会成为你交际的绊脚石。

口头禅到底是怎么形成的呢？为什么人一旦有了这个习惯，就像上瘾一样，往往脱口而出，不能自制？其实，口头禅本来是个贬义词，它原指一些人常把一些玄而又玄的禅语挂在嘴边，装作好像得道了的样子。

演变到今天，口头禅已经完全成了个人习惯用语的意思。不过千万不要小觑它，因为它有时会泄露你的内心。

若一个人的口头禅是"据说、听说"，说明这个是在给自己留余地。这种人虽然见多识广，可是缺乏决断力。许多处世圆滑的人，容易用此类口头禅。

若一个人的口头禅是"真的、不骗你、确实、老实说"，说明这个人担心对方误解自己的意思，性格有些急躁，内心总是不平。

若一个人的口头禅是"必需的、应该、必定会"，说明这个人有很强的自信心，为人冷静，比较理智，自认为能够把对方说服，让对方相信自己。

若一个人的口头禅是"可能是吧、大概是吧、或许是吧"，说明这个人自我防卫的本能很强，不会把心里的想法完全暴露出来。在为人处世上面比较冷静，因此，工作和人事关系方面都不错。

口头禅不但能泄露你的内心，而且也能影响你的交际。若非要说几句口头禅的话，那就说些积极的、讨人喜欢的。

有专家通过调查发现，在现代社会中，负面和中性的口头禅占绝大部分，积极向上的口头禅所占比例较少。负面的口头禅对于个人来说，也许能达到一种心理宣泄的作用，比如说一句"有病""没意思""郁闷"，心里会舒服很多。但这些负面口头禅带有很强的心理暗示作用，会影响身边人的情绪。比如，对方本来正在兴致勃勃地和你聊天，结果刚说了两句就听到了你的"郁闷""没劲"等口头禅，不管对方是谁，其聊天的兴头都会立即从高处坠到谷底；如果一个人总是满口污言秽语，则会让人觉得其人很没有教养；如果说话时喜欢插几句摆老资格的"想当初，老子……""我以前……"；再比如张口闭口总说"真无聊、真讨厌"等这些讨人嫌的口头禅，都会让自己的形象在别人心中大打折扣。

而中性的口头禅，比如"随便""不知道"等，反映的是放弃自我选择、消极拒绝等心态。喜欢说"随便"的人，往往是爱随大流、不能为自己做主的人。"随便"隐藏着"错了别怪我，和我没关系"这样推卸责任的潜台词。无论别人问什么，都先回答"不知道"，同样是缺乏责任感的表现。还有些中性的口头禅是没有任何意义的，比如"然后""嗯""这样"等，能不说也最好别说，真正好的语言是干净、准确、符合逻辑、客观的，如果加进了琐碎的东西，不但会让人听了不舒服，也是对语言的污染。

而积极的、讨人喜欢的口头禅更容易被人接受。比如较为积极的"太棒了、加油、真给力"等，这些都有利于保持健康的心理状态；较为礼貌的"对不起、不好意思、有请、我试试看"等，则体现出了一个人的说话素养和文化气质，没有人不愿意接受。

因此，如果你不想让口头禅成为自己交际的绊脚石，就要随时多加注意。你可以问问身边的人，自己有哪些口头禅，然后把它们记在纸上，有意识地分析哪些出现频率最高，哪些让人听了不舒服，哪些对自己有消极影响。然后把好的口头禅留下来，把那些不好的口头禅，一点点减少说的次数，今天10次，明天8次，最终把它们从生活中驱逐出去。这样，才能减少不良口头禅对自己的消极影响，从而让自己成为真正的聊天高手。

工作场合，有些话一定不能说

> 职场是一个充满原则、纪律，讲求策略的场合，但同时也是一个充满利益冲突的是非之所。即便平时同事关系相处得很好，在聊天的时候，你也一定要管好自己的嘴巴，否则很容易祸从口出。

在职场上，为了拉近同事之间的距离，经常跟同事聊天是非常有必要的。然而，职场如战场，到处是刀光剑影。可以说，职场是一个充满原则、纪律，讲求策略的场合，但同时也是一个充满利益冲突的是非之所。即便平时同事关系相处得很好，在聊天的时候，你也一定要管好自己的嘴巴，否则很容易祸从口出。

说话不经大脑，是直率的表现，但是在职场，也是不成熟的表现。很多时候，你说的话，恰恰是老板或同事最不想听到的。

1. QQ语气，老板会烦心

现在的年轻人，一上班就挂上QQ，一个QQ面板上，几百个人，同学、同事、客户、游戏好友、老板都在其中。不知不觉地，跟谁说话都是QQ腔。某天老板在QQ上问小月工作进度如何，她直接丢回一句：好啦，我会做啦！还附带一个吐舌表情。搞得老板心里半天不舒服，这话听起来让人有一种漫不经心，既敷衍工作，又不尊重领导的感觉。

因此，在跟老板说话时，一定要注意说话的语气，遇到注重"职场伦理"的老板，一有不对头的语气，就会让他对你产生十分恶劣的印象，而你却还浑然不觉。

另外，在老板面前，下面这些话也千万别说：

"这不是我的错"：典型的诿过用语。如果在情况严重时你说这句话，就会把老板激怒。就算不是你的错，你也可以用这样的句式："在这件事情上，我确实有改进的空间，我认为可以如何如何"，把话题重点转移到寻求解决方法上，等问题解决了，再追究责任人，你也不会是冤大头啦。

"那不归我负责"：就算真的不是你的工作，在老板听来，就会认为你就是一个自扫门前雪，不愿承担责任，或缺乏团队精神，不愿多花力气，协助他人解决问题的人。

"我做不到……"：只要此话一出，老板就会严重怀疑自己的用人选择。你做不到，那用你干什么。你看在宫廷剧里，所有的大臣都会说"臣遵旨，臣愿肝脑涂地必不辱使命"，因此，就算你不能完成所有的使命，那也不能赤裸裸地说自己不行。你可以寻找替代方案或者想办法改变老板的预期。

"我没有要汇报的内容"：如果每次开会时，轮到你发言你都这样说，那么你会发现以后开会不会有人再问你的意见了。对老板来说，他永远需要建议、方案，而表示沉默只能说明你对工作不投入。

2. 同事面前，有些话"忍死"都不能说

小雨穿着新买的衣服走进办公室，小华上前搭讪说："今天穿新衣服了啊！"小雨刚想回应，没想到小华紧接着问："是不是又从大红门（大红门是北京有名的服装批发零售市场）淘来的？"小雨刚刚堆起的笑容立马冻结在脸上。

小雨虽然的确很爱去动物园淘便宜的衣服，可是当别人当面这样说时，她还是很介意的。本来一个增进同事感情的机会，由于小华说了不该说的话，从而被小雨列入了黑名单。或许小华并没有恶意，可是"说者无心，听者有意"，因此，跟同事聊天的时候一定要三缄其口，要知道哪些话是适合在同事面前说的，哪些是不适合的。

另外，下面这些话，在同事面前也千万别说：

"你最近在掉头发吗"：听起来很关心同事，可是却戳到了别人的痛处。也许他（她）正在苦心掩盖自己掉发的状况，却被你一语道破。所以说，在同事面前，凡是有关健康的问题，最好都不要问，也不要泄露。要是某天和同事一起吃饭时，你提到家中有人患了肝炎，那第二天起，就不会有同事愿意跟你一起午餐了。

"好想换个工作"：李丹曾经跟同事提到，自己想辞掉工作，因为带孩子的压力实在是太大了。结果她发现，后来一些平时需要她参加的会议，都不再通知她参加，甚至当同事在谈关键议题时，只要看到她在场就会打住，排斥显而易见。如果你透露了离职讯息，那么所有人就会当你已经离职。因此，无论你是真的想辞掉工作还是发一下牢骚，都不要在同事面前说这样的话。

"35岁之前我要做到副总"：就算同事关系再铁，也不要在他们面前把你的雄心壮志说出来，这样不但不能带来友谊，还会让你受到孤立。在办公室里大谈人生理想是很滑稽的，既然打工呢就要安心打工，雄心壮志可以回去后和家人、朋友说。在公司里，如果你整天没事就念叨"我要当老板，自己置办产业"，那样老板很容易就会把你当成敌人，或被同事看作异己。若你说："在公司我的水平至少能做副总了"或者"35岁时我必须做到部门经理"，那你就等于把自己放在了同事的对立面上。公司中，每个都想高升，可是位子有限。你公开自己的进取心，就等于公开向同事们挑战，这样，同事们就会处处提防你。因此，做人应当低姿态一点。你的价值体现在工作上，在该表现的时候表现，不该表现的时候就算韬晦一点儿也无妨，真正有能力的人都能在大事上，而不是大话上。

"哈哈！这个月的工资税后有5000元"：一旦你透露了自己的工资，同事们就会揣测你的身价是被高估还是低估了，一切流言就会从这里开始。事实上，很多老板是不喜欢职员之间打听薪水的，因为同事之间的工资往往会有不少差别，所以发薪水的时候，老板会有意单线联系，不公开数额，并叮嘱不让他人知道。同工不同酬是很多老板常用的手段，可它是把双刃剑，用好了，是奖优罚劣的一大法宝，用不好，就容易引发员工之间的矛盾，并且最终会掉转刀口朝上，矛头直指老板，这当然是他不想看到的，因此，在同事面前千万不要谈论这类问题。若你碰到了这种同事，当他把话题往工资上引起，你要早做打算，说公司有纪律不让谈薪水；若不幸他语速很快，还没等你拦住就把话说了，也不要紧，你可以用外交辞令处理："对不起，我不想谈这个问题。"只要有来无回一次，就不会有第二次了。

"老板星期天时打电话叫我出来陪酒"：在同事面前炫耀自己和老板的特殊关系，这样会激怒同事，等于是自掘坟墓。

"长假打算再到欧洲去玩一趟"：即使是坐豪华游轮出国玩，或是刚刚新买了别墅都不要在同事面前炫耀，有些快乐，分享的圈子越小越好。被人忌妒的滋味并不好，因为容易招人算计。同样，天天哭穷也会让人讨厌。在办公室里，无论是露富还是哭穷，都会显得做作，与其讨人嫌，还不如识趣一些，不该说的话不要说。

总之，办公室是闲话的滋生地，可是同事之间又不可能不说话，工作之余，同事们很愿意找些话题来聊聊，好放松一下，但你一定要记住，聊天时最好围绕新闻、电影、热点话题这些来聊。

当心！心直口快会得罪人

很多时候直言直语是为人处世的大忌。出言不慎，祸机所伏。所以，话说出口之前，一定要经过自己的大脑，别让你的舌头超越你的思想。在与别人的交谈中，自己要多注重于聆听，克制自己爱直言直语说话的冲动。

在生活中，也许大家都有过这样的经历：自己无意之中说的一句话，却给别人带来很大的伤害，也给自己带来了一些烦恼和困惑，到头来自己还莫名其妙："我就是随意那么一说，他怎么就生气了呢？有那么严重吗？"

蚊虫遭扇打，只为嘴伤人。由于很多人经常不假思索就信口开河，所以导致种种不良的后果。如果只为满足自己的一时口快而言语不慎，让别人下不了台，也会把自己的事情弄得很糟，这是不礼貌的，也是不明智的。所以，在与人交谈时，一定要注意，切勿逞一时口快而刺伤他人。

刘雪和李浩是亲密的恋人关系。最近一段时间，刚刚找到工作的刘雪为了能在新公司站稳脚跟，工作倍加努力。

有时，刘雪为了公司的一个方案，想了又想，改了又改，总希望当把方案交给经理时，能够获得经理的赞赏。刘雪在工作中"拼命三郎"的精神，让李浩很心疼。于是，李浩就经常买一些很有营养的美食犒劳刘雪。时间长了，刘雪不但没有因为努力工作而变得消瘦，反而因为李浩的贴心照顾还胖了一圈。

一次，胖了一圈的刘雪和姐妹们聚会，小英一直盯着刘雪看，这专注的眼神让刘雪浑身不自在。正在这时，小英惊叫一声："刘雪，你是不是怀孕了啊！"这一声把大家的注意力都给吸引了过来，奇怪地看着刘雪。刘雪气得咬牙切齿地说道："你才怀孕了呢！"

生活中，我们经常会听到一些很直接的话，比如"你最近又胖了啊""你的这新衣服从哪儿买的？不太好看""主管，我认为你的想法是错误的"，等等。

也许你会说，事实就是这样的啊！心直口快有什么错吗？当然，这些话说的可能是事实，可是，如果不能顾及他人的感受，或者你的心直口快伤害到了他人的自尊，那就错了。每一个人都是一个独立的个体，需要被尊重。心直口快固然没错，可是不是任何场合都适合，也不是任何人都可以心直口快的。

季羡林老先生曾经说过："假话全不说，真话不全说。"充分展示了他的修养和礼貌。假如自己说话不加修饰，只会一味地直说，那么就会伤人伤己。直率说话，效果可能是相反的，尤其是那种不负责任的对人不对事的挑剔指责，完全不顾自己的德行修为，对不熟悉的人而言，会让人产生莫名其妙的反感，对朋友而言，会因为无法接受而感到尴尬，对爱人而言则是心碎一地重伤难愈。

有时候，虽然自己的出发点是好的，但是自己说话不注意方法，往往自己所说的话，让别人听起来非常刺耳，感觉很不舒服，不但伤人面子，还会破坏朋友之间的感情，如果本来就是不太熟悉的人，恐怕还会徒增怨恨。因此，我们一定要提高自己会说话的能力，说话千万不能太直，一定要顾及对方的脸面，让别人有台阶可下。不能做刺猬型的人，否则别人会远远地躲避自己。

　　总之，直率性格虽然可爱，但是不完全可取。很多时候直言直语是为人处世的大忌。出言不慎，祸机所伏。所以，话说出口之前，一定要经过自己的大脑，别让你的舌头超越你的思想。在与别人的交谈中，自己要多注重于聆听，克制自己爱直言直语说话的冲动。

与人讨论，不要争论

> 一般来讲，争论的目的是想给自己争面子，可事实并非如此。争论不但不能给自己争来面子，还会因为让对方丢了面子，而失去了对自己的好感。当你开始和别人争论的时候，实际上是你唤起了对方和你作战的斗志。也就是说，你用争论给自己树立了一个"敌人"，无论战果如何，你都很难再得到对方的好感。

在日常生活中，我们肯定遇到过这样的事情：两个好朋友在聊天的时候，为了不相干的一件小事而争论得面红耳赤，甚至发展到口角相向，断绝彼此之间的往来。为什么会这样呢？因为每个人在和别人相处的时候，总是喜欢证明自己是对的，而别人是错的，无论面对的是什么人，他们都要表现出自己比别人强，说白了这就是一种虚荣心。

在第二次世界大战刚结束不久的一个晚上，卡耐基在伦敦学到了一个极有价值的教训。当时，卡耐基担任罗斯·史密斯爵士的私人经纪人。有一天晚上，卡耐基参加了欢迎罗斯·史密斯爵士的宴会。在席间，坐在卡耐基旁边的先生讲了一个幽默的故事，并引用了一句话，意思是"谋事在人，成事在天"。

那位先生说这句话出自《圣经》，卡耐基敢肯定他是错的。于是，为了显示优越感，卡耐基纠正了他。但那个人坚持他的说法："什么？出自莎士比亚？不可能！绝对不可能！那句话确实出自《圣经》。"他非常地自信。

这位讲故事的先生坐在卡耐基的右边，卡耐基的一位老朋友加蒙先生在他的左边。加蒙先生潜心研究莎士比亚的著作已有多年了。于是，他们俩都同意请加蒙先生来作裁判。加蒙先生静静地听着，但暗中用脚在桌下踢了卡耐基一下，然后说道："戴尔，你错了。这位先生是对的。那句话确实出自《圣经》。"

那晚回家的路上，卡耐基对加蒙先生说："老实说，你明明知道那句话是出自莎士比亚。"

"是的，当然，"他回答说，"是在《哈姆雷特》第五幕的第二场。但是亲爱的戴尔，我们只不过是参加一次盛会的客人，为什么非要证明一个人是错的呢？那样做难道就能使他喜欢你吗？为什么不给他留点面子呢？他并没有征求你的意见，而且也不需要你的意见。你为什么非要跟他抬杠呢？应该永远都不要跟别人正面冲突。"

"永远都不要跟别人正面冲突。"说这句话的先生已经辞世了，但卡耐基受到的教训却难以磨灭。卡耐基从小就是一个杠子头，小时候他和哥哥为天底下任何事物都抬杠。进入大学，卡耐基又选修逻辑学和辩论术，也经常参加辩论赛。在那次宴会之后，卡耐基听过、看过、参加过也批评过数以千次的争论。通过这些活动，使他得出了一个结论：天底下只有一种能在争论中获胜的方法，那就是避免争论。就像避免毒蛇和地震一样避免争论。

一般来讲，争论的目的是想给自己争面子，可事实并非如此。争论不但不能给自己争来面子，还会因为让对方丢了面子，而失去了对自己的好感。当你开始和别人争论的时候，实际上是你唤起了对方和你作战的斗志。也就是说，你用争论给自己树立了一个"敌人"，无论战果如何，你都很难再得到对方的好感。问一下自己，你是宁愿要一种表面的胜利，还是要别人对你的好感呢？

当然，你可能有自己的道理，你的观点也许是对的。可是，你要明白，要想在争论中改变别人的主意，即使说得再多，结果也可能是徒劳的，人与人之间的争论，十有八九是没有结果的。因此，不要为了逞一时的口舌之能而失去别人的好感甚至友谊。

林肯有一次责罚一个青年军官，因为他与同僚激烈争辩。林肯说："凡决意成功的人，不能费时于个人的成见，更不能费时去承受结果，包括他无法控制自己的脾气，丧失自制。你不能过分显示你自己要放弃，虽然明白是你的小事，也要放弃。与其为争路权而被狗咬，不如给狗让路。即使将狗杀死，也不能治好受伤的伤口。"因此，我们要使他人信服，须谨记：避免与他人争论。

静心倾听，不要随便打断别人

培根曾经说过："乱插话者，甚至比发言冗长者更让人生厌。打断别人说话是一种最无礼的行为。"

在社交生活中，会遇到一些喜欢随便打断别人说话或者中途插话的人，他们总是在你津津有味地说着某件事，在说到高兴处时，冷不防地半路杀进来，让你猝不及防，不得不停止说话。这种人也不会事先告诉你，说他要插话了。他们也不管你说的是什么，就把话题转到自己感兴趣的方面去了，有时是把你的结论代为说出，以此来炫耀自己的光彩。无论是哪种情况，都会让说话的人产生厌恶之感，因为随便打断别人说话的人根本就不知道尊重别人。

园园是个性格开朗的女孩，闲暇的时候她总喜欢找人聊天，可是园园身边的朋友很少。园园刚到了一个新的工作单位，由于她谦虚热情，很快就得到了大家的喜欢。但是，渐渐地大家发现了园园的问题，开始疏远她。

原来，在工作之余，园园总是喜欢找同事聊天，本来聊聊天谈谈心是一件好事情，可是园园的一个坏毛病却害了自己。她一直想改，可一旦和别人聊起天，就会把这事忘到脑后了。有一次，当园园和李姐聊起明星八卦的时候，本来只是闲聊，李姐无意中提起，××和××最近传绯闻了，李姐才说了两句，园园马上就打断了李姐的话："哪呀，我看的杂志不是这样讲的，明明就是，××和××在一起的……"李姐见状就转了个话题，说到自己对人生的看法，可是没说两句又被园园给打断了。直到最后，都一直是园园在滔滔不绝地说，完全没把李姐放在眼里。可是园园却没有感觉到李姐的不快。自己的这种说话方式已经成为了一种习惯，一种无意识。第二次时，园园又去找李姐聊天，可是李姐却推辞了。然后园园又去找其他的同事聊天，可是和她聊过一两次以后，大家都不愿意再和园园聊天了。园园很郁闷，想要改这个毛病，可总是改不了。

培根曾经说过："乱插话者，甚至比发言冗长者更让人生厌。打断别人说话是一种最无礼的行为。"每个人都会情不自禁地想表达自己的愿望，可是若不去了解别人的感受，不分时机、场合地就去打断别人说话或抢接别人的话头，这样会扰乱他们的思路，想要说些什么反而都忘了，这样就会引起对方的不快，有时甚至会产生不必要的误会。

一个精明而有教养的人在和别人聊天时，即使对方长篇大论地说个不停，也绝不会插嘴，因为他知道，打断别人说话，不但是件不礼貌的事，而且什么事情也不容易谈成。

比如，在一个聚会上，当你看到你的朋友和另外不认识的人聊得起劲儿时，可能你有加进去的想法。可是，由于你不知道他们的话题是什么，如果你突然加入，就会令他们觉得不自然，不知道接下来该说什么。更糟的是，或许他们正在进行着一项重大的谈判，却因为你的加入使他们无法再集中注意力而无意中失去了这笔交易；或许他们正在热烈地讨论，苦苦思索着要解决一个难题，正在这个关键时刻，由于你的插话，也许会导致他们没法想出有利的解决办法，到后来场面气氛就会转为尴尬而无法收拾。此时，大家肯定都会认为你没有礼貌，进而都厌恶你。

所以，要想在与人交际时获得好人缘，要想让别人喜欢你，接纳你，就必须改掉随便打断别人说话的坏习惯，在别人说话的时候，千万不要随便插嘴，因此，要做到以下这几点：不要抢着替别人说话；不要急于帮助别人把事情说完；不要用不相关的话题打断别人说话；不要用毫无意义的评论打乱别人说话；不要为了争论一些鸡毛蒜皮的小事而打断别人的正题。

虽然在别人说话时，随便插话是非常不礼貌的，但是，如果有必要表明你的意见，非要打断谈话，那么你就一定要注意以下插话技巧。

第一，当你要找交谈者中的某一人处理事情时，可以先给他做一些暗示的小动作，他一般会找机会和你说话。不过要注意的是，你不要静悄悄地站在他们身边，否则会被认为是在偷听。你可以先跟他们打个招呼："很对不起，打断你们一下。"当他们停止交谈时，你就赶快用尽可能简洁的语言说明来意，一旦事情处理完毕，要马上离开现场。

如果你想加入他们的谈话，则可以找个合适的机会，礼貌地说："对不起，我可以加入你们的谈话吗？"或者大方客气地打招呼，让你的朋友或同事帮着互相介绍一下，那样很快就能打破生疏的感觉。

第二，在交谈的过程中，如果你想补充另一方的谈话，或联想到了与谈话有关的情况，想立刻作点说明，这时，你可以对谈话者说："我插一句""请允许我补充一点"，然后再说出自己的意见。这样的插话不要过多，以免扰乱对方的思路，但适当的一点，则能起到活跃谈话气氛的作用。

第三，如果你不同意对方的观点，也尽量不要打断他的谈话。可是若你们比较熟悉，或者问题十分严重，也可以先表示一下态度，等对方说完后再进行详细阐述。不过，要注意的是，即使分歧再大，也决不能恶语伤人或出言不逊。就算和对方发生了争吵，也不能斥责、讥讽或辱骂对方，最后还要友好地握手告别。

与女性聊天有"雷区"

> 每个女性都有一些禁忌，不愿意别人去触及。因此，在和
> 女性聊天时，一定要注意分寸，时刻避免触及这些"雷区"，
> 那样才能保证交往的正常进行。

聊天可以说是一门说话的艺术，说得好自然能令对方愉悦，而说得不好则可能引起对方的反感。尤其是女性，她们的气量相对较小，很容易"记仇"，所以在和她们聊天时，一定要避免触碰对方的"禁忌"。

一般来讲，和女性聊天时应当避开以下这些"雷区"：

1. 贬低对方的容貌

每个女人都不喜欢别人说自己身材不好，更不愿意别人说自己长得难看。可是，容貌是天生的，不可能每个人都长得美若天仙，总会有一些缺点，如皮肤粗糙、头发稀少、五官不协调等。碰到这样的女性时，有些男性就口不择言，随意批评对方的容貌："你脸上怎么长出那么多斑点呢？""咦，你上火了吧，脸上长了那么多痘痘？""你头发真油啊"……话一出口，对方很可能会对他们怒目而视，或反唇相讥，或拂袖而去。

可见，在与女性攀谈时，要想成功，就一定要避免随便评论对方的容

貌，千万不要哪壶不开提哪壶。

2. 批评对方的身材

女人天生爱美，即使自己身材不好，也不愿意听到别人批评自己的身材。所以，在和女性聊天时，千万不要轻易对她们品头论足，更不能批评她们的身材。

赵超在一次朋友聚会上认识了小梅，后来在逛街时偶然遇上了。当时小梅胖了一些，赵超一见她就是一句："你不是小梅吗？几个月不见怎么这么胖了？"小梅立即就瞪了他一眼，说道："我认识你吗？我胖关你什么事？"说完就匆匆离开，留下一脸惊愕的赵超。赵超的聊天显然犯了女性的大忌，所以难免会遭遇这样的尴尬。

因此，在与女性聊天之前，我们应当多学一些谈话方面的技巧，特别是在夸赞对方方面。比如，如果对方长得胖，那就夸对方圆润；长得瘦，就夸苗条；长得矮，就夸娇小；长得高，就夸高挑；长得壮，就夸健美；长得中性，就夸个性等。

3. 批评对方的穿衣打扮

女性爱美最重要的就是表现在穿衣打扮上。一般来说，每个女人都喜欢打扮自己，不仅为自己感觉良好，更为博得别人的赞美。在与她们聊天时，倘若我们赤裸裸地批评她们的打扮，如"你怎么还穿这种裤子，都过时了呀""这身打扮有点傻，红配绿，冒傻气呀？"这样的批评即使是跟自己已经熟识的朋友，估计都很难接受的，更别提对方只是一个刚刚认识的朋友了。

4. 有意无意地暗示对方老了

每个女人喜欢漂亮，都希望自己能永远年轻，害怕自己变老。若我们说她们老了，她们会很自然地就理解成自己变丑了，没有吸引力了，这对女人来说无疑是一种致命的打击。因此，在与女性聊天时，千万不要有意无意地暗示对方憔悴了、苍老了，否则对方心里面肯定会为此而感到担忧，同时也会觉得我们不欣赏她、嫌弃她，这对于我们与对方的交往是十分不利的。

5. 随便讨论"剩女"

现代社会，有些女性的年龄不小了，但仍然单身，其实她们也想找一个如意郎君，无奈总是不能如愿。对她们来说，"剩女"这种话题无疑会令她们感到不悦。在她们面前，即便我们不是有心要说她们，可是，由于她们处于年龄大又单身的状态，所以很容易对号入座，这样引起她们对我们的误会就糟糕了。因此，在与单身女性交谈时，千万不要讨论"剩女"这个敏感话题。

高阶：各种场合轻松应对的闲聊技巧
——超级聊天能力提升训练

要想在职场中游刃有余，该怎么说话才能讨得老板和同事的喜欢呢？面对不同类型的客户，怎么说才能成功销售呢？一群朋友聚会时，该如何炒热气氛呢？聊天时话题卡住了，又该怎么解决呢？……这些都是我们生活中完全会碰到的事情，因此学上一招真的非常有用。下面就来学习一下应对各种艰难的交谈局面的闲聊技巧吧！

超级聊天学
ChaoJiLiaoTianXue

第7章

销售有绝招：打开顾客心扉的9招

罗兰

美好的东西时常是由于它是真诚的。

德谟克利特

只愿说而不愿听，是贪婪的一种形式。

莫里斯

要做一个善于辞令的人，只有一种办法，就是学会听人家说话。

_/   {<::>}

先聊出感情：初见客户不谈销售

要想真正抓住客户的心，仅仅不谈销售是不行的，还需要
我们在短暂的时间里引起客户的兴趣，赢得客户的好感，激发
客户继续交谈的意愿，这样才能最终扭转局面。

作为销售人员，我们与客户交流的目的是很明确的，就是要让客户购买
自己的产品。但是，在真正与客户交流时，我们最好不要那么功利，否则只
会招致客户的反感。

在销售过程中，我们都有这样的经历：当我们满怀热情地去推销自己的
产品时，客户却十分抵触，结果我们刚开口就被拒绝了。这是为什么呢？

事实上，在人们见到销售人员时，往往都会产生一种莫名的反感，或许
是因为曾经遇到的销售人员太过热情，让自己难以消受，也可能是有被骗的
经历，至今仍耿耿于怀。无论如何，既然客户在开始时比较排斥销售，那么
在与他们聊天时，不妨先把销售的事情放一放，先争取客户的好感与信任，
这样以后再谈销售时就会容易很多。

聪明的销售人员在初次与一个客户交流时，会保证先不谈销售产品的
事，先争取到拜访对方的机会，然后再见机行事。比如，有的销售人员会这

样说："先生您好，我只占用您10分钟的时间与您随便聊聊，我保证在这10分钟内不会跟您谈销售产品的事。"

在美国有一个名叫乔·库尔曼的著名的保险销售员，他在29岁的时候就已经成为了一名业绩非凡的销售人员。

一次，他想拜访一个客户，可这位客户是一个大忙人，据说他每个月都要坐飞机飞来飞去，有很多事务需要处理。乔·库尔曼为了拜访对方，便用电话与对方进行联系。

"阿雷先生，我是一名保险销售员，是理查德先生建议我结识您的。我想拜访您，不知道可不可以？"

"是想推销保险吗？已经有很多保险销售员找过我了，我真不需要，况且我也没有空儿。"

"我知道您很忙，但您能抽出10分钟时间吗？只要10分钟就够了，我保证不向您推销任何保险，只是跟您随便聊聊。"

"嗯，好吧，那你就明天下午4点钟过来吧。"

"谢谢您！我一定会准时到的"

在乔·库尔曼保证不谈销售保险的情况下，对方同意了他的拜访。

第二天，乔·库尔曼准时到了客户的办公室。

他见到了客户，然后非常有礼貌地说："您的时间非常宝贵，我会严格遵守10分钟的约定的。"

之后，他开始了尽可能简短的提问，并力求提出那些客户感兴趣的话题，让客户多说话。

10分钟时间到了，他主动对客户说："阿雷先生，10分钟到了，您看我得走了。"

此时，客户感到谈兴正浓，便对他说："没关系，你就再多待一会儿吧。"

就这样，乔·库尔曼与客户的谈话继续进行。接下来，他与客户继续闲谈，并在闲谈中获得了很多对销售有用的信息。

从这个例子可以看出，初次见面不谈销售可以避免自己的销售行动被扼杀在摇篮中，而且即便我们与客户谈论其他的事情，同样能获得对销售产品有用的信息。当然，要想真正抓住客户的心，仅仅不谈销售是不行的，还需要我们在短暂的时间里引起客户的兴趣，赢得客户的好感，激发客户继续交谈的意愿，这样才能最终扭转局面。

那么，在初次见客户时，需要注意哪些事项呢？

1. 说话的速度不要太快

如果语速太快，就会不利于对方的倾听和理解，同时也会不利于谈话的进行，因为语速太快会给对方一种压力感，似乎在强迫对方听我们讲话。

2. 不要占用客户太多时间

销售员承诺占用对方几分钟的时间就占用几分钟，尽量不要延长，否则客户不但认为我们不守信用，还会觉得我们喋喋不休，那样下次再想约见他恐怕就会很难了。当然，如果客户自己愿意延长时间和我们交谈那就另当别论了。

3. 让客户说话，多了解有用的信息

销售员在拜访客户的时候要尽量多问问题，多听客户说话，这样做的目的一来是为了多了解客户的信息，二来是为了变单向沟通为双向沟通，让客户由被动接受变为主动参与。

4. 保持良好的心态

销售员在拜访客户时，不但不要提及销售，还要保持良好的心态，要面带微笑，不要给自己和客户压力，这样在客户面前我们才会显得更有亲和力。

成功只在一瞬间：说好第一句话

俗话说："好的开始等于成功的一半。"与客户交流的第一句话很可能决定了我们是否能够得到客户的喜欢与信任，所以我们一定要说好。

对于一个销售者来说，学习一些常用的与客户交谈的方法是十分必要的。俗话说："好的开始等于成功的一半。"与客户交谈的第一句话很可能决定了我们是否能够得到客户的喜欢与信任，所以我们一定要说好。一般来说，与客户交流常用的方法主要有以下几种：

1. 激发好奇心

心理学研究证明，好奇心是人类行为的基本动机之一。作为销售人员，我们可以借助人人皆有的好奇心来激发客户的兴趣，引起客户的注意。比如，先制造神秘气氛，引起客户的好奇，然后在解答疑问时，再有技巧地把自己的产品介绍给客户。

有一个很老的例子：一个销售员对客户说："王总，您知道世界上最懒的东西是什么吗？"客户听到这样的话，感到很好奇。销售员继续说："就是您藏起来不用的钱，您本来可以用它们购买我们的空调，让自己度过一个凉爽的夏天。"

当然，我们也大可不必就这样直接说到自己的产品，而是可以单纯地与客户聊一些他感兴趣的话题。

2. 借助调查

这种方法就是利用调查的机会了解客户，它隐藏了销售这一目的，是在实际中很容易操作的方法。例如，我们可以说："小姐您好！可以打扰您几分钟吗？我是××公司的美容顾问，我想请您帮忙做个问卷调查，回答问卷上以下几个问题。

（1）您经常感到皮肤干燥发涩吗？

（2）您是否觉得自己很累呢？

……

如果您有机会学习改善以上问题的方法，您愿意抽出1~1.5个小时的时间吗？

如果客户愿意的话，我们就可以这样说："非常感谢您的合作，为了表示对您的感谢，我想赠送您一堂免费的美容课，课上我会教您如何正确地保养皮肤，您还可以免费试用我们的产品。您看，这个星期什么时候比较方便？"

如果客户不愿意，则可以这样说："非常感谢您的合作，为了表示感谢，以后我会定期寄一些本公司有关皮肤保养和产品介绍的小册子给您，您是否愿意把地址和电话留给我呢？"

3. 提供有用的信息

对于客户来说，有用的信息是比较有吸引力的，所以，如果我们向客户提供一些对他们有帮助的信息，如市场行情、新技术、新产品知识等，往往会引起他们的注意。比如，可以对客户说："我在某某刊物上看到一项新的技术发明，觉得对贵厂很有用。"

要做到这一点，需要销售员能站在客户的立场上，为客户着想，尽量阅读报刊，掌握市场动态，充实自己的知识，把自己训练成为所从事行业的专家。只要我们所提供的信息对客户是有帮助的，客户一定会耐心地听我们说下去。此外，这样做还表现出了对客户利益的关心，可获得客户的尊敬和好感。

4. 利益引导

客户通常只关心自己的利益。通俗地说，几乎所有的人都对钱感兴趣，省钱和赚钱的方法很容易引起客户的兴趣，所以我们可以一开始就将自己能带给客户的利益说出来。比如，我们可以说："马经理，我想告诉您一个能让贵公司节省一半电费的方法。""李总，我们的机器比您目前使用的机器速度快、耗电少、更精确，能大大降低生产成本。"等等。

5. 借助引荐

通常，人们都有"不看僧面看佛面"的心理，所以，大多数客户对亲友介绍来的销售员都比较容易接受。比如，我们可以说："田先生，您的好友彭总让我来找您，他认为您可能对我们的产品感兴趣，因为这些产品为他的公司带来了很多好处。"

需要注意的是，在使用这种方法时，千万不要自己杜撰，而应确有其人其事，否则，客户一旦"追查"起来，问题就麻烦了。为了让客户相信我们的话，我们最好能出示引荐人的名片或介绍信。

主动出击：潜在客户是主动聊出来的

主动出击就是为了给自己增加机会。社会、企业只能给你提供道具，而舞台需要自己搭建，演出需要自己排练，能演出什么精彩的节目，获得什么样的收视率，决定权在于你自己。

现代人际关系专家戴尔·卡耐基曾经说过："客户永远都是被主动创造出来的。获得客户关系的途径有很多，可是有一个态度却是必须具备的，那就是主动出击，而不是被动等待。"所以说，等待机会不如创造机会。只要能够主动出击，到处都存在着机会。

相信守株待兔的故事大家都很熟悉：从前，有一个农民，他的田地里有一截树桩。一天，他正在地里锄田，突然一个兔子跑了过来，由于跑得太快了，一头撞死在树桩上，这个人捡了一个大便宜，觉得这样挺好，什么也不做，就能捡兔子。于是他天天都坐在那个树桩旁，准备捡兔子。结果大家都知道了，田也荒了，人也饿瘦了，兔子自然再也没有捡到。

为什么会有这样的结果呢？就是因为这个人没有主动出击的精神。把一次偶然的成功当成了一劳永逸的成功。事实上，如果他不是只坐在树下等，而是主动出击，我想就是兔子跑得再快，也能够抓住它。

从事销售行业的人，目标就是要把自己的产品卖出去。可是不会主动有人找上门来说："哎，你们所有的产品我都包了！你们都可以回家睡大觉了！"如果真是这样的话，估计所有搞销售的人都要失业下岗，销售行业也就没有存在的必要了。

因此，优秀的销售人员必须主动出击，主动寻找潜在客户，主动打电话约访客户，主动向客户介绍产品，最终把自己的产品销售出去，只有这样，才能够实现自己的目标。千万不可学那位"守株待兔"的人，幻想着天上能够掉下馅饼来，那样，饿死的只能是自己。

成功的销售人员都是自己创造机会，而失败的销售人员都是自己等待机会。要想成为一名成功的销售人员，不但要抓住每一次销售机会，还要善于创造销售机会。销售中的很多事情不怕你做不到，就怕你想不到，关键在于创造一次机会，然后努力去实现它。很多时候，顾客往往没有意识到自己的其他需要，销售人员应提醒并帮助顾客一起认识，从而达到销售的目的。所以说，销售机会的有无，取决于捕捉和创造。

王芳是某百货商店的导购员。一天，李丽想买一瓶洗面奶，当来到这家百货商店时，正好王芳站在商店门口迎接。王芳看到李丽来了，心想："今天心情不好，她要买什么自己去挑吧。"于是，王芳没有理会李丽，李丽到了化妆品专柜前随手挑选了一瓶洗面奶就离开了商店。一上午过去了，店里就这样冷冷清清，王芳也没什么业绩。

又一天，李丽又来到这家商店买东西，王芳赶紧迎上前去热情地问："这位女士，请问您有什么需要帮助的吗？"李丽说："我想要买一个加湿器。""好的，您这边请。我们店里最近新进了一批加湿器，不但质量好，而且样子也很漂亮呢，我想您肯定会喜欢的。"王芳热情地为李丽服务。在挑选商品的过程中，王芳问李丽："您是附近小区里的新业主吧，因为这几天总看到您来这里买东西。"李丽微笑着说："你还挺细心，我是这几天才搬过来的，""哦，那您刚搬过来，家里一定还有很多东西需要置办吧？""是的，家里的一些电器都还没有买呢，真头疼。""那让我来帮助您吧，一会儿我带您去那边看看，一定有您需要且喜欢的。"

就这样，王芳带着李丽挑选了很多她需要的家用电器，这天，她是店里业绩最好的。

王芳前后不同的态度造就了不同的销售业绩。可见，主动出击是赢得客户的法宝。

主动出击就是为了给自己增加机会。社会、企业只能给你提供道具，而舞台需要自己搭建，演出需要自己排练，能演出什么精彩的节目，获得什么样的收视率，决定权在于你自己。

事实上，做销售有时候就像谈恋爱。谈恋爱的时候，你只有主动出击，才能够虏获芳心。做销售又何尝不是这样呢？你只有主动出击，才有可能找到自己的客户，否则和守株待兔有什么区别呢？

很多人刚开始做营销的时候，都很腼腆，见了熟人点头但不微笑；见了陌生人更是不知道如何问候，就装作没看见。其实，生活中的奇迹往往是因为你的主动。真正的营销人都知道，一个温和的微笑，一句真诚的问候，迎来的可能将是一个很大的客户群。

出差时，在坐飞机或坐火车时，你有没有想到要认识一下上铺或下铺的旅客？有没有想到要认识一下坐在我们旁边的那位老兄？

要随时准备把握机会，展现超乎他人要求的工作表现，以及拥有"为了完成任务，必要时不惜打破常规"的智慧和判断力，知道自己工作的意义和责任，并永远保持一种自动自发的工作态度，为自己的行为负责，是那些成功的销售人员和不成功的销售人员之间的最根本区别。

只要我们主动出击，机会遍地都是。要想做一个优秀的销售人员，一定要培养自己主动出击的心态，不能够守株待兔，要敢于去抓奔跑的兔子，要知道，兔子是不会自己送上门的，同样，客户也不会自己找上门来的。在很多时候，找客户的过程就是找朋友的过程，很多人今天是你的客户，可能明天就会成为你的朋友。甚至会让你意想不到的是，他可能还会介绍更多的朋友给你，你只要不断积累，你的客户人际关系网就可以轻松地搭建起来了。

二选一法则：把主动权握在自己手中

你只要先为顾客假定一个购买的前提，把"买不买"变成"是买A商品还是B商品"，比如，"是要买皮U的还是真皮的""是买高贵的紫色还是清新的绿色""买一个门的还是两个门的"……在这种提问方式中，不管顾客选择哪个答案，你都可以顺利地做成一笔生意。

在市场销售过程中，你肯定希望客户能够跟随着你的心意做出选择，但如果你将自己的意愿直接强加给客户，势必会引起客户的反感，反而让事情朝着你不希望的方向发展。

因此，你不妨采用询问客户意向的形式让客户"二选一"。

在这里还有一个小故事，大意是这样的：

有一个老板在大街的左右两边各开了一个粥店，两个粥店是一模一样的，每天前去用餐的顾客人数也都差不多。可是，到了晚上结算的时候，左边店的收入总是比右边那个多出百十来元，并且几乎天天如此。这个老板感觉很奇怪，就派人前去调查，了解两个店的经营和服务情况有何不同。

被派去的人装扮成普通顾客，他首先走进了右边的粥店，服务小姐微笑着把他迎了进去，给他盛好一碗热气腾腾的粥，接着又热情地问他："先生，加不加鸡蛋？"那个调查者发现，每进来一个顾客，服务员都要问同一句话："加不加鸡蛋？"顾客有说加的也有说不加的，大概各占一半。

之后，调查者又走进了左边那个店，服务小姐同样微笑着把他迎了进去，给他盛好一碗热气腾腾的粥，然后和气地问他："先生，请问您需要加一个鸡蛋还是两个鸡蛋？"进来其他顾客，服务员又问同样的话。通常，爱吃鸡蛋的就要求加两个，不爱吃的就加一个。也有要求不加的，但是这种情况很少。这样一天下来，左边这个小店就要比右边那个多卖出很多个鸡蛋。很显然，不同的问话，让两个粥店的营业额产生了差异。

上例中，左边店的服务员用的就是"二选一"法则。"加一个鸡蛋还是加两个鸡蛋"这样的问话方式，会让顾客陷入提问者既定的前提之中，不由自主地给出选择。相比"加不加鸡蛋"的命题，前者显然更进一层，而店家也因此分出高下。可见，同样的商品、同样的价格，谁先用语言打动顾客，谁就能把商品推销出去。

那些有经验的销售人员非常善于利用这个法则来促使消费者购买自己的产品，并且总是屡试不爽。他们往往会问顾客："小姐，这两种款式的衣服都是新到的，不知您更喜欢哪一种？""太太，您看什么时候给您送货最合适？是明天，还是后天？"像这样"二选一"的问题技巧，只要准顾客选中一个，其实就是你帮他拿主意，促使他下决心购买了。

很多推销者之所以推销不出去自己的产品，就是因为不会应用"二选一"法则。比如，在推销衣柜的时候，很多销售人员肯定会询问来看衣柜的顾客："你是想买大衣柜吧？"如果客户买衣柜的愿望不是很强烈，他可能就会说"不是"或者"我就随便看看"。这样，这笔生意就会有一半以上做不成的概率。如果你的问题是："您想买现代衣柜呢还是欧式衣柜呢？"你的顾客就无法拒绝你这种二选一的问话方式。

对于销售者来说，只要能把产品卖出去就是达到目的了，而不用管顾客买的是哪一款，或者哪种颜色。你只要先为顾客假定一个购买的前提，把"买不买"变成"是买A商品还是B商品"，比如，"是要买皮U的还是真皮的""是买高贵的紫色还是清新的绿色""买一个门的还是两个门的"……在这种提问方式中，不管顾客选择哪个答案，你都可以顺利地做成一笔生意。

而作为消费者，对这种二选一的问法，通常会认为是自己的意志。本来也许并没有打算买一件外套，可是听你说这件橘色毛呢大衣比那件黑色的更显年轻有活力，于是，就爽快地买了你推荐的那件橘色外套了。

这种"二选一"的提问方式，大多数情况下是不会遭受顾客的拒绝的。并且，不管对方回答哪一种答案，都在你的掌控之中，从而使你掌握的主动权更大。

不过，在设置这个"二选一"法则时，还需要注意以下几点：

第一，销售人员一定要注意站在第三者的角度，以询问的形式提出来，而且所针对的商品必须是顾客准备选择的。

第二，人类具有一种跟随最后选择的习性，所以当你想让他人跟随你的意愿进行选择的时候，最好在选择项目的顺序上花些心思，把希望对方选择的那项放在后面说，这样顾客往往会自主地选择合你心意的那一项。比如，"是给您包一件还是包两件呢？两件刚好是一个月的用量。"当顾客被这样询问的时候，绝大多数都会脱口而出："那就两件吧。"

第三，所提的问题中最好不要用"买"字，这样顾客就会觉得这是自己的选择，便会有主动感或参与感。

第四，提出的选择不要太多，两个是最合适的，如提供的选择太多，会使顾客陷入难以抉择的地步，虽然可能不至于完全丢了生意，也会在相当大的程度上影响成交，使生意转眼泡汤。

不拆穿客户：推托之词 ≠ 不购买

> 作为聪明的销售人员，对于客户的推托之词都不会着急表示
> 反驳，而是会想办法消除客户的戒备心理，和客户搞好关系。

销售是一种以结果论英雄的游戏，销售就是要成交。没有成交，再好的销售过程也只能是风花雪月。在销售员的心中，除了成交，别无选择。但是顾客总是那么"不够朋友"，经常"卖关子"。

相信很多销售人员都有过这样的经历：当你滔滔不绝、口干舌燥地向客户介绍产品时，客户往往会以各种各样的借口进行推托，于是很多人都选择了放弃，继续寻找下一个目标，或者直接对客户的推托进行反驳。其实，有的时候客户的推托并不是绝对不想购买，作为销售人员，若你在这个时候放弃，那之前的所有努力就等于白费了，你的反驳也一定会让客户难堪，最终导致推销失败。因此，要想实现成交，销售员必须解开顾客的"心中结"才好。

王鹏是一名业务员，这天，他去客户那里谈一笔生意。当他敲开总经理办公室的门之后，发现总经理正在那里看一些文件，于是他表明自己的身份并说明来意，希望能够与总经理详细谈一下。

那位总经理并没有给他这个机会，而是对他说："我现在很忙，你先和我的助理谈吧。"王鹏一听，心想"那怎么能行呢，一个助理又做不了主，我谈得再好也没有用"。他明白了总经理说"忙"只是他推托的借口。

于是，他说："现在是中午休息的时间，没有什么事情做，您就先听我说一说吧，也不会占用您多少时间的。"

那位总经理一听，生气地说道："你怎么知道我现在没有事情做，难道你没有看到我正在看文件吗？耽误了我的事情你负得起责任吗？赶快出去，别在这儿浪费我的时间。"

王鹏还想再说些什么，总经理直接就叫秘书把他请出去了。

估计很多推销人员在去拜访客户时，都碰到过像上例中的总经理那样以"忙""今天没时间"等为由的回答。也许客户说的是实情，也许客户只是想以此为借口来推托。若客户说的是实情，推销人员就应该表示出理解，并且配合客户确定好下一次的约见时间。若客户是以此为借口，那你不妨巧妙地打破对方的借口，比如，你可以跟客户说你只需要做5分钟的介绍即可，注意一定要把握好时间，而且做的这个简单介绍必须能激发起客户想进行深入了解的兴趣；也可以明确地告诉对方，今天是产品促销的最后一天，或者让对方知道今天作出购买决定的其他好处，等等。

李然在一家商场里做电器推销员，一天，来了一位顾客想要买一台空调。在问清楚顾客的需求之后，李然向顾客推荐了一款不错的空调。听完李然的介绍后，该顾客对这台空调有了大致了解，也有要买的打算。可是顾客害怕自己买贵了，所以想到其他商场再看看，而且他还怕这台空调不能满足自家的客厅需要。于是他跟李然说："我再考虑考虑。"然后转身想走。

李然明白，只要是这位顾客离开商场，就不可能再次回来，即便他认为自己这里是最好的，也不会做回头客。于是，她赶快上前拦住顾客说："那您对我们的产品或我的服务有什么意见吗？我们公司要求我们做记录的。"那位顾客听了这话就停了下来，在与李然的交谈中逐渐地把自己的顾虑说了出来。李然趁机对顾客说："我们这款空调在同类产品中绝对是价格最公道的。若空调不能保证您家客厅的需要，您可以在一周内退货。"

通过李然的一番劝说，顾客最后终于购买了那台空调。

通过上边的案例我们可以看出，当客户表示推托时，你先不要急着反驳，而应在说出自己的开场白的同时，观察客户的反应，比如客户的面部表情、身体语言、说话的语气和声调的变化等。然后再综合各种信息，如果确定暂时真的无法说服客户，那就礼貌地告别客户；如果发现客户的态度发生了转变，即使是很微妙的转变，那也要再接再厉地进一步展开与客户的周旋。在跟客户进行周旋时，必须及早地确定客户最大的疑虑是什么，如果把最大的问题解决了，那其他问题也就会迎刃而解。

需要注意的是，直接反驳客户的推托理由是非常不明智的。一般来说，客户的推托主要来源于对销售人员的一种戒备心理，面对销售人员，很多人都会找出推托的借口。其实，推托的借口只是一种形式，而并非实质。如果销售人员反驳客户的借口，那么就会让本来的僵局更加不易化解。比方说，客户说没时间，你却偏要找出他有时间的证据来，那肯定会让客户下不来台。

作为聪明的销售人员，对于客户的推托之词都不会着急表示反驳，而是会想办法消除客户的戒备心理，和客户搞好关系。因此，当客户说出推托之词时，切忌在客户推托的原因上进行纠缠，而应当把精力放在摸清客户的心思上，只要弄清楚了客户的真正想法，推销起来就会容易很多。

提问式营销：问对了就能成交

只有懂得巧妙地提问题，才会有办法把谈话导向自己希望的方面上来。因为说服的艺术不在于你来我往地抒发己见，而是藏在一问一答的游戏之中。

需求是客户采购过程中最重要的因素，销售实现的过程就是满足客户需求的过程，如何挖掘客户需求，已成为市场考验销售人员的试金石。然而，客户有什么需求，很多时候是不会直接告诉你的，这时就需要通过提问来获得。

来看看下面这个案例，是一个促销员向顾客销售的过程。

促销员："欢迎光临诺基亚展台，请问有什么可以帮您的吗？"

顾客："我想看看手机。"

促销员："您想看什么样的手机呢？"

顾客："你们诺基亚有没有屏幕比较大的手机啊？"

促销员："屏幕大的？这几款屏幕都比较大。我向您推荐这款3650，不但屏幕大，而且还内置数码相机和摄像机，照相、摄像都可以，随机还附送一张16M的存储卡，照片和图像都可以存在这张卡上。"

顾客（露出犹豫的表情）："照相？我不需要这么复杂的功能，只要能打电话就行了。"

促销员："我们所有的手机都能打电话，只是功能简单一点的手机就没有这么大的屏幕了。我建议您还是买个功能多些的手机，那用起来多方便啊？比如说，3650有照相和摄像功能，您出去旅游时就可以给朋友和家人照相，留下美好纪念。"

顾客："可是这款手机功能太复杂了，我想要一个屏幕大、按键大、操作越简单越好、价格越便宜越好的。"

促销员："您想找一个屏幕大、按键大、操作越简单越好、价格越便宜越好的手机？"

顾客："我想给我爸爸买款手机，他都60多岁了，不太会用高科技的产品，屏幕大、按键大、操作简单对于他来说更为重要。"

很明显，上例中的销售人员在销售过程中犯了关键性错误，即没有了解客户的需求就向客户推荐产品。这个错误好像很幼稚，可是大部分销售人员都没有很好地掌握挖掘客户需求的方法。那这个销售人员到底犯了什么样的错误呢？

首先，销售人员挖掘需求不全面。大屏幕只是客户需求的一方面，还有很多其他的需求，可是销售人员显然没有全部了解清楚就开始介绍产品了。其次，销售人员挖掘需求不深入，她在了解了多个需求后，仍然没有意识到顾客是给他父亲买手机，这是客户需求背后的需求，却是客户购买的关键。

因此，只有懂得巧妙地提问题，才会有办法把谈话导向自己希望的方面上来。因为说服的艺术不在于你来我往地抒发己见，而是藏在一问一答的游戏之中。向客户抛出问题，可以使他们仔细去思考，然后说出自己的意见。销售人员采用提问题的方式，就可以把客户的注意力引到对自己有利的重要事项上来。然而需要注意的是，提问题不是毫无目的的。那么，销售人员应该掌握哪些提问技巧呢？

1. 上下左右的提问技巧

需求是有层次的树形结构，从任何一个需求点出发都有三个方向，即向上、向下和向左右。提问要保持连续性不能跳跃，这样上下左右就是基本挖掘需求的提问方式。与客户寒暄之后，促销员就要开始挖掘客户的需求，在这种情况下，她的提问可以有很多种，来看看下面哪种提问方式最好呢？

销售员："请问您要什么价位的手机？"

顾客："不要太贵，大约2000元吧。"

销售员："那您对功能有什么要求吗？"

顾客："能打电话就行了。"

销售员："那样式呢？"

顾客："翻盖的吧。"

在上面的提问中，销售员像挤牙膏一样一点一点地问出需求，这种提问方式大大限制了客户的回答空间，不能让客户对需求畅所欲言。正确的提问方式应当使用"什么"，并对提问范围不加以限制才是最好的向下挖掘客户需求的提问。比如：

销售员："您要一部什么样的手机呢？"

顾客："我要屏幕大、按键大、操作简单、价格便宜的手机。"

向下挖掘客户需求以后，销售人员还应该向树形结构的两边继续挖掘，以免漏掉任何客户还没有表达的信息。使用"其他"这样的提问方式是最开放的提问方式。比如：

销售员："您要一部屏幕大、按键大、操作简单、价格便宜的手机，您还有其他要求吗？"

顾客："最好是翻盖的。"

用"其他"进行提问不但对客户的需求进行了总结，而且避免了主观猜测，让销售人员能够全面挖掘客户的需求。使用"什么"和"其他"挖掘到的都是客户的表面需求，需求背后的需求要用"为什么"。比如：

销售员："您为什么需要这样的手机呢？是您自己用吗？"

顾客："我是给我父亲买，他都60多岁了，不太会用高科技的产品。"

使用"为什么"能够让销售人员挖掘到客户需求背后的需求。有的时候了解客户需求要用比较长的时间，在全面且深入地挖掘客户需求之后，销售人员应该对客户需求进行总结和确认。

2. 顾问式销售技巧

顾问式销售技巧的难度远远高于简单产品销售。如下例：

一位中国移动公司的客户经理去拜访客户，试图销售能够编辑和发送短信的产品——企信通。以下是这位客户经理与客户之间的对话：

客户经理："您好，很快就到中秋节了，我特意给您送月饼来了。"

客户："谢谢啊，你们的服务真好啊。"

客户经理："这是应该的，您是我们的集团客户嘛！另外，我这次来也是特意向您介绍我们现在主推的产品——企信通，可以帮助您加强内部沟通，促进销售管理。您看可以吗？"

客户："企信通？"

客户经理："是的，企信通具有短信群发功能，可以进行即时或者定时发送。还有邮件提醒、资料管理和费用统计功能。我留下资料给您好吗？"

客户："好吧，我看看吧。"

客户经理："那我就不再多打扰您了，谢谢。"

再来看看下面这段销售对话，看看和上面的有什么不同。

客户经理："早上好，李总。这次拜访的目的主要是希望通过企信通来帮助您加强内部沟通，促进销售管理。您看可以吗？"

客户："企信通？"

客户经理："是的，在向您介绍前，我能了解一下您的企业内部信息沟通的情况吗？"

客户："好吧。"

客户经理："您在全省有五六百个促销员，您现在采用什么方式把内部的信息发送给全省的所有促销员的呢？"

客户："打电话通知。"

客户经理："通过电话啊？这么多人，会不会漏掉呢？"

客户："确实会漏掉，并且占用时间还很长。"

客户经理："万一漏掉之后，问题严重吗？"

客户："当然严重了，要是漏掉促销信息和价格信息，影响可就严重了。"

客户经理："既然这么严重，那您打算解决吗？"

客户："是啊，我们还没有想到，你有什么好的建议吗？"

客户经理："其实，我们的企信通就是解决您这个问题的。"

这样的销售方式与客户经理以前使用的方法差别很大，这就是顾问式销售技巧。在案例中，客户并没有意识到需求，所以直接提问和介绍产品都不会有明显的效果，所以说，此时销售人员应该采用提问的方法让客户意识到自己的问题，发现需求，进而下定决心进行采购。此外，销售人员还要注意的是，必须深入客户的行业，掌握成为客户顾问的知识和经验，然后再配合顾问式销售技巧，那样才能成功地完成销售。

总之，要想成为一名优秀的销售人员，你必须掌握提问的艺术，把主动权掌握在自己手里。

赞美客户：客户开心，交易就成了

> 如果你细心地观察客户，看到别人未看到的东西，并加以赞美，以此引起他们足够的自豪感，他们就会觉得你是一个细心而又有礼貌的人。

赞美是世界上最动听的语言。美国著名心理学家威廉·詹姆斯也曾说过："人性最深刻的原则就是希望别人对自己加以赏识。"既然想获得他人的赞美是"人性最深刻的原则"，那谈判的客户也不例外。

如果你细心地观察客户，看到别人未看到的东西，并加以赞美，以此引起他们足够的自豪感，他们就会觉得你是一个细心而又有礼貌的人。

美国著名的柯达公司创始人乔治·伊斯曼，因发明感光交卷而使电影得以产生，并积累了一笔高达1亿美元的财产，从而成为世界上最有名望的商人之一。

伊斯曼曾经在曼彻斯特建立过一所伊斯曼音乐厅、一座纪念馆。同时，为了纪念他的母亲，还盖过一所著名戏院。这三大建筑都需要室内座椅，于是制造商之间展开了一场激烈的竞争。可是，当这些人去找伊斯曼洽谈这笔生意时，没有一个不是高兴而去，失望而回的。

就是在这种情况下，美国"优美座位公司"的经理鲁姆斯·亚当森希望能够得到这笔价值9万美元的生意。于是，他同伊斯曼的秘书通了电话，约定在曼彻斯特拜见伊斯曼先生。在亚当森见伊斯曼之前，那位好心的秘书向他提出忠告："我知道你想争取到这笔生意，但我不妨先告诉你，如果你占用的时间超过了5分钟，那你就一点儿希望也没有了。他是一个大忙人，说到做到的，你得抓紧时间把事情讲完就走。"亚当森微笑着点头称是。

亚当森被领进伊斯曼的办公室，伊斯曼正伏案处理一堆文件。

过了一会儿，伊斯曼抬起头来，说道："早上好！先生，有事吗？"秘书为亚当森作了简单的介绍后，便退出去了。这时，亚当森没有开口谈生意，而是满脸诚意地说："伊斯曼先生，在恭候您的时候，我一直在欣赏您的办公室，我很羡慕您的办公室，如果我自己能有这样的一间办公室，即使工作辛劳一点我也不会在乎的。我本人长期从事室内木工装潢，但从来没见过装修得这么精致的办公室。"

听他这样一说，伊斯曼赶紧回答说："哎呀！您提醒了我差点就忘记的事情，这间办公室很漂亮，是吗？是我亲自设计的。当初刚装饰好的时候，我喜欢极了。可是后来一忙，有时甚至一连几个星期都顾不上好好看看这房间一眼。"

亚当森走过去，用手来回抚摸着一块镶板，那神情就同抚摸一件心爱之物。"这是用英国的橡木做的，对吗？意大利橡木的质地不是这样的。"

伊斯曼高兴地站起身来答道："不错，这是从英国进口的橡木，是一位专门研究室内细木的朋友为我挑选的。"

此时，伊斯曼的心情好极了，他带着亚当森参观了办公室的每一个角落，并把自己参与设计与监制的部分一一指给亚当森看。他还打开一个带锁的箱子，从里面拿出他的第一卷胶片，向亚当森讲述他早年创业时的奋斗历程。

那天他们谈了两个多小时，直到亚当森告别之际，两人都没谈到那笔生意。

最后，亚当森不但得到了大批的订单，而且和伊斯曼结下了终生的友谊。

看到这里，你肯定也明白了其中的奥妙。正是因为亚当森别出心裁地从伊斯曼的经历入手，恰到好处地赞扬他所取得的成就，使伊斯曼的自尊心得到最大限度上的满足，把亚当森视为知己，从而才把这笔生意交给他做。

无论是谁，对待赞美之词都会开心。所以，在营销对话中，你也应该学习亚当森的语言艺术，不失时机地赞美对方，说不定给你的事业带来意想不到的效果。

但是在这里，需要强调的是赞美和拍马屁并不是一回事，在谈判中赞美必须要恰当，注意分寸。

首先，必须是真诚的，不是矫揉造作的。我们所赞美的必须是有事实根据的，阿谀奉承并不能取得对方的真诚对待。

其次，赞美是谈论对方的具体行为，而并非谈论对方本人；并且赞美所用的语言"含蓄"效果会更好。就以案例里的任务来说，如果当时亚当森进办公室之后直接夸奖的是伊斯曼本人的相貌或者直接说"伊斯曼先生，您的实力真强啊！"就会给人很突兀的感觉，相反，就像案例中亚当森没有开口谈生意，而是满脸诚意地夸奖他的办公室装修之精致，这样赞美对方的所作所为时，听起来显得真诚、友好，而且伊斯曼也能确切地知道他自己为什么受到了赞美，这样的方式会使我们的谈判对手觉得更加舒服。

最后，可以巧妙地运用聊天的方式来赞美对方。聊天是相识的人之间沟通思想的手段，通过这一手段，可以达到深入了解的目的。聊天更是不相识的人之间建立友谊、密切交往的桥梁。通过聊天，可以调节心情、拉近双方的情感、增加彼此的信任度。这样，才能达到进一步交流的关键点。案例中谈判双方花大半天的工夫在进入正式谈判前的聊天过程中，这样才让伊斯曼卸下心里防备，花几十倍的5分钟来和对手交流。这正是他们建立合作机制的前提。

引导式发问：让沉默型客户敞开心扉

> 尽管一言不发的沉默型客户很难对付，但只要我们多了解一下他们的情况，从他们关心的话题入手，逐渐引导他们开口，还是可以与他们聊天成功的。

作为销售人员，我们有时会碰到这样的客户，他们性格内向，不爱说话，在和他们交谈时，他们往往会表现得很冷淡。他们的沉默有时甚至足以将我们完全击溃。这种就是沉默型的客户。

这种客户的嘴巴掰都掰不开，以至于我们只好厚着脸皮一个人唱"独角戏"。他们一句话也不说，就是那么沉默着听我们说话，而我们却猜不出他们的心里到底是感兴趣还是排斥，甚至从他们的表情中也找不到一点儿启示。

更加让人感到无奈的是，如果我们为了打破僵局，频繁地主动向他们提出问题，那他们就会变得更加沉默。我们越主动，他们的"无声的抵抗"就越持久。直到我们的唠叨使对方感到不耐烦时，他们便开口说："您别费口舌了，请回吧。"这样，我们的交流还没开始就结束了。

那么，沉默型客户为什么不回应我们的攀谈呢？一般来讲，客户之所以保持沉默，其心理原因主要有：第一，怕一开口便给我们一种自己想买东西的误解，担心我们死缠烂打，给他们带来麻烦；第二，他们自己本身就具有沉默的个性；第三，他们讨厌销售人员；第四，他们的心情不太好。

由此可以看出，沉默型客户虽然不爱说话，可是并不表示他们真的不愿意与我们交谈。只要我们能够把握住他们的心理，给他们创造出适当的说话机会，那么他们还是愿意向我们敞开心扉的。比如，我们可以提一些他们感兴趣的话题，引导对方开口说话。像下面这个例子：

李洋在刚做销售时就碰到过一位沉默型的客户。这位客户经营着一家有名的糕饼店。李洋在拜访这位客户的时候，对方正忙于糕点的包装。他看了一眼李洋，但一句话也没跟他说。之后，李洋在店内站了很久，仍无法与他进行任何交谈，不得已他只好放弃推销的念头。

不久之后，李洋再次来到这家糕饼店，这次他改变策略。他走进糕饼店，向正在做糕饼的客户买了几块糕饼，又拿出一块糕饼当场吃了起来，然后开始引导客户："老板，您家的糕点真好吃，是你亲手做的吗？用的都是优质砂糖吧？"

听了李洋这些话，客户便微笑着说："不错，我们店从不使用劣质的砂糖。外皮是不是很好吃？那都是我亲自烤的，不像别家店用机器烤的那样淡而无味。做生意不完全是为了赚钱，如果为了赚钱用料不足，不但会影响店里的声誉，也对不起自己的良心。哦！我想起来了，你上次好像来过，你是做什么的呢？"

"我是销售××的，今天就是想来您这儿买些饼，因为我的客户非常喜欢吃您家的饼，所以我想买些送他！对了，您对××有兴趣吗？"

客户稍微想了一下，然后说："有点兴趣。这样吧，你晚上再来一趟，到时候咱们再谈好了。"

在这个例子中，李洋知道做糕饼是客户最熟悉不过的事情，而糕饼能得到顾客的认可，也是对方最引以为傲的事。于是，他顺应客户的心理，先用糕饼引入话题，使沉默型的客户有话可说。另外，他积极称赞客户家的糕饼好吃，这就满足了客户的成就感。通过这些，李洋成功地打破了与客户之间的僵局，之后再通过引导使客户主动提出谈生意的事，这样李洋离成功地把产品销售出去就不远了。

其实，尽管一言不发的沉默型客户很难对付，但只要我们多了解一下他们的情况，从他们关心的话题入手，逐渐引导他们开口，还是可以交谈成功的。

示弱营销：博取客户同情促成买卖

在实际的销售沟通过程中，如果销售人员毫不妥协地坚持己见、一度说服，常常会在失去交易的同时引起客户不满，从而导致一系列不利于长期目标实现的问题发生。而如果巧妙地利用示弱方式与客户进行沟通，则往往更能达到销售的目的。

人们都有一种普遍的心理，对比自己强大或与自己势均力敌的人怀有警惕心，而对比自己弱小的对手则放松警惕，因此，在客户面前巧妙示弱，销售就会更容易成功。

然而，在与客户进行沟通的过程中，一些销售人员却在扮演着进攻者的角色：为了达成销售目标一步一步地向前迈进，不断地说服客户认可产品或服务的品质、接受产品或服务的价格，等等。这些销售人员的销售目标是明确的，为了达成目标而努力奋进的勇气也是值得赞扬的，但是，他们为了实现目标所采用的方法却不见得高明，至少，我们不提倡销售人员对客户进行单一的、进攻意图明显的说服。

一位专家曾经把与客户的沟通比喻成一个圆，他说："人们常常都认为沟通是一条直线，其实它是一个圆。在这个圆上，当我们站在某一起点，而目标是另一点时，我们常常只知道往前走是实现目标的唯一途径，殊不知，只要转过身去，我们就会发现实现目标的又一途径。而且我们常常发现，从前的那种到达目标的途径不但费时费力，还随时面临着失败的危险；但是，如果我们从转过身去的那个方向出发的话，目标实际上近在咫尺。人们经常在这个圆上做一些舍近求远、徒劳无功的事情，这实在是和自己过不去。"

不管是专家的形象比喻，还是每一次销售沟通的实践经验，几乎都告诉销售人员一个道理：实现销售目标的方式并不是单一的进攻式的说服，巧妙地利用示弱的方式与客户进行交流，往往能达到意想不到的效果。

有个人很善于做皮鞋生意，别人卖一双，他却能卖几双。一次聊天中，别人问他做生意有啥诀窍，他笑了笑说："有些顾客到你的店里来买鞋子，总是东挑西拣的到处找漏子，把你的皮鞋说得一无是处。然后还头头是道地跟你说哪种皮鞋最好，价格又合适，样式和做工又如何精致，好像他们是这方面的专家似的。这时，如果你和他们争论是没有一点用的，他们这样说只不过想以较低的价格把皮鞋买到手而已。因此，你要想成交，就要学会示弱，比如，你可以赞同对方的眼光确实独特，很会挑鞋，自己的皮鞋确实有不足的地方，如样式不够新潮，不过永远也不会过时；鞋底不是牛筋底的，不能踩出'笃笃'的响声，不过，柔软一些也有柔软的好处……你表示不足的同时，也侧面赞扬一番这鞋子的优点，说不定这正是他们看中的地方呢。顾客花这么大心思不正是表明了他们其实是很喜欢这种鞋子吗？因此，在销售时，只要你善于示弱，满足了对方的挑剔心理，一笔生意很快就会成功的。"

事实上，示弱并不是真的示弱，只不过是顺着顾客的想法，用一种曲折迂回的办法来俘获对方的心罢了。

在与客户沟通过程中，尽量不要让对方知道你的虚实，即便你拥有十分有利的条件，也不能轻易地表现出来。相反，我们还应以适当的方式，故意暴露弱点给对方，麻痹对手。其实很多销售人员在销售沟通过程中都会有意无意地使用一些示弱方式，希望能够让客户满意。比如，在保证利润的前提下进行价格方面的让步，或者根据双方的诉求提出解决问题的折中方式等。销售沟通中的让步策略如果运用得当，那将有利于实现买卖双方的双赢，同时也有利于长期销售目标的实现。那么，如何灵活运用让步策略呢？

1. 明确双方的双赢合作关系

作为销售人员，应当在每一次销售沟通之前针对自己和客户的利益得失进行充分考虑，不但要考虑自己的最大利益，也要考虑客户的实际需求和沟通心理。

一般来说，客户都希望以更低的价格获得更好的产品或服务，而销售人员则希望自己提供的产品或服务能够获得更大的利润。所以说，销售人员和客户之间既存在着相互需求的关系，又存在着一定的矛盾。如果你能把握客户特别关注的需求，而在一些自己可以接受的其他问题上进行让步，那就会使双方的矛盾得到有效解决。

2. 选择有利的让步时机

让步时机的选择宜巧不宜早，销售人员应该在充分掌握客户相关信息、并对这些信息做出有效分析的情况下考虑让步。若过早让步，只会进一步抬高客户的期望，让他们以为只要再坚持一下，你就会继续让步；若销售人员继续轻易让步，就会使自己处于很被动的地位。

3. 掌握必要的让步技巧

通常销售人员在让步的时候可以运用以下技巧：

（1）在最后关头让步

不到实在没辙的情况就不要轻易让步，如果在沟通一开始就轻易让步，那很容易把自己置于被动地位，客户可能会得寸进尺。

（2）先在细枝末节的小问题上提出让步

为了在关键问题上获得客户认同，你可以先在细枝末节的小问题上表示适度的让步，这样可以使客户感受到你的诚意，同时也可以使客户在关注小恩小惠的时候淡化其他问题。

（3）让客户感到你的艰难

在让步的同时明确告诉客户，你做出这样的决定是很艰难的。除了明确告诉客户之外，你还可以通过请示领导、拖延时间等方式让客户觉得得到这样的让步已经很难得了。比如，当客户提出某项要求时，即使这些要求可以实现，你也不要很快答应，而要通过一点一点的微小让步来显示让步的艰难，这样可以降低客户过高的期望。

记住，掌握这一技巧是非常重要的，作为销售人员，如果在让步的时候表现得特别轻松，那客户就会认为你还有更大的让步空间。

超|级|聊|天|学
ChaoJiLiaoTianXue

第8章

私交有"话道"：8招，让亲密关系更进一步

知识少的人，讲话讲得特别多；知识多的人，讲话反而讲得很少。 ——卢梭

你的舌头就像一匹快马，它奔得太快，会把力气都奔完了。 ——莎士比亚

尼扎米

发自内心的话，通常能深入人心。

交情甚笃 ≠ 无话不谈

距离是人际关系的自然属性。有着亲密关系的两个朋友也毫不例外，成为好朋友，只说明你们在某些方面有着共同的目标、爱好、见解以及心灵的沟通，但并不能说明你们之间是毫无间隙、融为一体的。如果朋友之间没有距离，不分彼此，不为对方着想，迟早会破坏彼此的友谊。因此，即使是再亲密的朋友，也要注意相互尊重，不要随便跨越朋友的禁区，那样你就会很有朋友缘。

很多人在与好朋友的相处中，都会走入这样一个误区：好朋友之间没必要讲究客套。他们认为，好朋友彼此都很熟悉了解，亲密信赖，像兄弟姐妹一样，能够有福同享，有难同当，如果讲究客套，那就未免太拘束而显得见外了。但是，其实他们没有意识到，朋友关系的保持是以相互尊重为前提的，不能有半点强求、干涉和控制。

彼此之间，若情趣相投、脾气对味则和、则交，与之相反，则离、则绝。朋友之间就算再熟悉、再亲密，也不能随便过了头，不讲客套，否则，默契和平衡就会被打破，友好的关系也将会不复存在。所以，面对好朋友该客气时也要客气，可以不强调自己的"面子"，但不可以不给朋友面子。

中国素称礼仪之邦，用礼仪来维护表达感情是人之常情。当然，我们所说的好朋友之间要讲究客套，并不是说在任何情况下都要固守着不必要的烦琐的礼仪，而是为了强调好朋友之间应当互相尊重，不能跨越对方的禁区。

每个人都希望拥有自己的一片小天地，朋友之间如果过于随便，就会容易闯入对方的禁区，从而引起隔阂、冲突。因此，好朋友之间也应该客气有礼，恪守交友之道。

对朋友放肆无礼，最容易伤害朋友。因此，要想友谊长存，我们就必须注意避免下面几点：

1. 言谈不慎，伤害朋友的自尊心

也许你和朋友之间无话不谈，也许你的才华、相貌、家庭、前途等都让人羡慕，高出你朋友一筹，这让你不分场合，特别是与朋友在一起时，会大露锋芒，表现自己，言行之中会流露出一种优越感，这样会让你的朋友产生你在居高临下对他说话，在有意炫耀自己的感觉，从而会伤害他的自尊心，对你产生敬而远之的意念。因此，在与朋友交往时，要控制情绪，保持理智清醒，态度谦逊，把自己放在与人平等的地位，注意时时想到对方的存在。

2. 彼此不分，让朋友产生防范心理

朋友之间最不注意的是对朋友的物品处理不慎，总觉得朋友之间不用分彼此，所以对朋友之物，不经许可就擅自拿用，不加爱惜，有时迟还甚至不还。朋友碍于情面，可能一次两次不好意思指责你，可是长久下去，朋友就会认为你过于放肆，进而对你产生防范心理。

实际上，朋友之间除了友情，还有一种微妙的契约关系。以实物来说，你和朋友之物都可随时借用，这是超出一般人关系之处，可是你和朋友对彼此之物首先应该有一个概念，即"这是朋友之物，更应该加倍珍惜。"所

以，要注重礼尚往来的规矩，应把珍重朋友之物看成和珍重友情一样重要。

3. 过于散漫，使朋友产生反感

朋友之间，言语行为应当大方、亲切、不矫揉造作，那样才能显出自然本色。可是，如果过于散漫，不重自制，不拘小节，你就会给人留下粗鲁庸俗的感觉。或许你与一般人相处时会以理性自约，一旦与朋友相处时就会忘乎所以，或指手画脚，或信口雌黄、海阔天空，或在朋友说话时随便打断，或顾盼东西，心不在焉，也许这是你的自然流露，可是朋友会认为你有失体面，没有风度与修养，自然就会对你产生厌恶、轻蔑感，改变了对你原来的印象。因此，在朋友面前应当做到自然而不失自重，热烈而不失态，有分寸，有节制。

4. 不识时务，让朋友对你产生厌恶感

当你上朋友家里拜访时，如果遇到朋友正在读书学习，或正在接待客人，或正在和恋人相会，或准备外出等，或许你会以挚友自视，就不分时间场合，不看朋友脸色，一坐半天，夸夸其谈，喧宾夺主，不管人家是不是早已如坐针毡，极不耐烦了。这样，朋友就会觉得你很没有教养，不识时务，以后就会设法躲避你，害怕你会再打扰他的私生活。因此，每次碰到这种情况，你一定要反应迅速，稍稍寒暄几句就知趣告辞即可。

5. 乱开玩笑，让朋友感到你可恶可恨

有的时候，你在大庭广众面前，为了炫耀自己能言善辩，或为哗众取宠逗人一笑，或为表示与朋友之间的"亲密"，就乱用尖刻词语，嘲笑讽刺朋友或旁人，大出其洋相以博人大笑，从而获取了一时的快意，可是，你却不知这样会大伤和气，会让朋友感到人格受辱，认为你变得很可恶，后悔误交了你。或许你觉得这样没有什么，会说"朋友之间开个玩笑何必当真"之类的话，殊不知，你已经损伤了朋友之情。因此，朋友相处，尤其在众人面

前，应当和睦相待，互尊互敬，千万不要乱开玩笑，以免恶语伤人。

6. 乘人不备，强行所求，朋友会认为你太霸道

当你有事求人时，朋友当然是第一人选，可是如果你事先不做通知，就临时登门提出所求，或不管朋友是否愿意，就强行拉他与你一起去参加某种活动，这都会使朋友感到左右为难。如果他已经有活动安排了，不方便改变就会更加难堪。如果答应了你的所求，就会打乱自己的计划，如果拒绝，又怕情面上过意不去。也许他表面上表示出乐意而为，可心里却会产生几分不快，会认为你太霸道，不讲理。因此，当你对朋友有求时，一定事先告知对方，采取商量的口气，尽量在朋友没事、愿意的情况下再提出所求，同时必须记住这个道理：人所不欲，勿施于人。己所不欲，勿施强求。

借东西的学问：关键在于消除顾虑

有人觉得向别人借东西，很不好意思张嘴。可是，如果你从借出者的角度考虑问题，并通过语言消除他的顾虑，那么难事也就迎刃而解了。

不少人觉得朋友之间，贵在相知而耻于言利。其实在今天看来，这种做法是比较片面的。因为在社会的交际中，不管是公共关系，还是私人关系，只要遵守互惠互利的原则，就能够使彼此的关系得以健康、长久地发展。朋友之间也是如此。

在处理朋友之间的钱财关系时，除了要遵循互惠的原则外，还应该根据对象具体的情况来分别对待。如果双方的关系一般，那在物质金钱方面就应该彼此分清。不过，朋友之间赠送的礼物、礼金等，大可不必耿耿于怀，只要适时报答对方就可以了。当接到礼物或礼金时，一定要致以最真诚的谢意。对于亲朋好友，我们应当把友谊放在第一位，若一方有难，另一方则应慷慨大方，尽力相助，不可太过计较。

有人觉得向别人借东西，很不好意思张嘴。可是，如果你从借出者的角度考虑问题，并通过语言消除他的顾虑，那么难事也就迎刃而解了。那么，我们在跟朋友借东西时，需要注意哪些事项呢？

1. 看对方与你的关系

朋友也分亲疏远近，所以在向朋友借钱时，也要看彼此之间的关系。如果是关系比较密切的人，而且你也了解他的经济情况，那么就可以直截了当，表示自己急需借多少钱或什么东西。如果与对方关系一般，那么语气则应委婉一些。比如借钱，我们可以采取这种方式："我妹妹考上大学了，需要买的东西很多，你知道我家经济不怎么宽绰。"若对方这样说："其实不用一下子买齐，可分个轻重缓急，逐步添置。"或者说："真不凑巧，我家最近添了个冰箱。"这时，你最好就不再开口了，否则会让对方为难。

2. 说话要用商量的口气

向别人借东西时，语气一定不要太硬，更不能说一些伤害对方的话，要知道，这时是你有求于人。比如，当你或亲人生病住院了，可是手头上又缺钱，这时，在向朋友借钱时，你可以说："我的父亲病了，医院要求先交一部分住院费，不知你手头是否宽绰，若有的话，就先借我2000元，下个月发工资就还给你。"用这种商量的口气，只要人家手里有钱，是不会不帮的。

可是，有些人却不懂得这个道理，向人借钱时说："谁不知你存了几万元，借给我千把的还不是小意思。"诸如此类的话，对方是不愿意听的。因此，借东西时，一定要用商量的口气，这样能让对方感觉你有求于他并且尊重他，这样他才愿意帮你。

3. 有借有还，再借不难

借别人东西时，一定要说明归还时间，而且要准时归还。如果向对方借了钱，而且时间较长，那么考虑到物价变动等因素，归还时可准备点礼品，以弥补对方受到的损失，这样会让对方感到你是一个通情达理的人，以后再有困难向他求助时，就会变得更加顺利了。无论是50元钱，还是一支铅笔，都应及时归还。

相反，如果跟别人借了东西不还，人家就会认为你不诚实。如果你答应在某个时间还，但过了很长时间才还，人家就会认为你不可靠。此外，东西还给人家时还应该完好无损。若由于磨损或用坏，不可能完好无损地还给人家了，那就应该再买一件尽可能一样的东西还给人家。如果办不到就应当照价赔偿。对于大方的人，他们也许会不接受这样的赔偿，可是，作为借者，就应该表示出愿意照价赔偿的诚意。

4. 借不到时，不要说气话

跟别人借东西总有不能如愿的时候，这时就应当控制失望和不满的情绪，不能说出无礼的话，更不能说刺伤对方的话，否则会损害彼此之间的友谊。比如，你向别人借自行车时，人家说："对不起，自行车没法借给你，我一会儿还要外出用。"这时，你就不要说出"怎么这么巧啊，我来借时你就要用"之类的话，要不一定会大伤和气。如果你在借钱时，没有借到，最好能这样对人说："我知道你手头也紧，我再到别的地方去看看。"或"那我再想想别的办法吧。"这样就会让人觉得你能体谅别人。

5. 还钱莫转手

借钱之后，无特殊情况应谁借谁还，最好不要转手。因为托人"转手"既失礼，也可能因交代不清而混淆记忆。所以，不可以这样说："××借了我200元，我借了你200元，请你到他那里要吧。"让人代你索债。

朋友伤心时，安慰的话要会说

人生在世，难免会碰到一些不尽如人意的事情，总是会有那样一个时刻，朋友有难，需要你的安慰和帮助。安慰，是人们在情感交流过程中常用的一种方式。适当贴心的安慰话，能让困境中的朋友感到温馨。

人生在世，难免会碰到一些不尽如人意的事情，总是会有那样一个时刻，朋友有难，需要你的安慰和帮助。可是，很多人都不知道怎么安慰人更好。有人采取不说的方式，害怕说错话；有的人则是言不由衷，绕了一大圈还是没有切入重点。总之，害怕自己的不合适言语、不合适行为大过安慰本身。

的确，安慰朋友的时候也需要注意说话的方式，如果你说得不对，往往会让本来就伤心不已的人更加难受。并且，每个人所遇到的伤心事也不是一样的，如果总用一些客套话去安慰，肯定不能达到理想的效果。那么，我们应当怎么说才能有效地安慰到对方呢？

有一位工人，由于工作时不小心出了一次事故，他总是对他的朋友反复说："唉！真是倒霉死了，你说我可怎么办啊？"他的这个朋友却不耐烦地说："你看你，这有什么大不了的。"

很明显，这个朋友轻描淡写、无感而发的话无法起到安慰朋友的作用。所以说，要想让自己的安慰话贴心，就应当把别人的痛苦和困难看成是自己的，这样才能激起自己内心的感情，说出的安慰话才能起到好的效果。

此外，说的安慰话，对对方要有启发作用，从而使其能自我解脱，从痛苦中振作起来。比如，一位姑娘被男友抛弃了，心里遭受了沉重的打击。你可以这样对她说："这种男人无情无义，不值得你伤心，我看分了手倒是件好事，要不，你会受害一生。"这样的安慰话，能让她在心里找到平衡，从而减轻了心理负担。

安慰，是人们在情感交流过程中常用的一种方式。适当贴心的安慰话，能让困境中的朋友感到温馨。那么，除了上面两点注意事项外，我们还要掌握哪些安慰技巧呢？

1. 注意留意对方的感受

当我们去探访一个遭遇不幸的朋友时，一定记得自己去他那里是为安慰和帮助对方，所以我们要尽量留意对方的感受，不要只顾自己的感觉。

不要把朋友的不幸遭遇作为借口，而把自己的类似经历说出来，不过，可以适当地说一些像"我是过来人，我明白你的心情之类"的话。但绝对不能说"我父亲去世后，我有一个星期都吃不下东西"之类的话。

2. 用心聆听，接受对方的感受

如果说倾诉会缓解焦虑，那聆听则是决定疗效的关键。

聆听，不是保持沉默，而是用心仔细听对方说了什么，没说什么，以及真正的含义。聆听不是急于发表自己的意见，出主意，或者发问。聆听应该是用我们的眼、耳和心，去听对方的声音，而不要急于了解真相，立刻对事件下结论。这样会造成误会和伤害，好心办坏事。

如果朋友的亲人去世了，那他们是需要哀悼的，需要经过悲伤的各个阶段，把他们的感受和回忆说出来。他们说得越多，越能为自己疗伤。所以，这个时候我们应当顺着朋友的意愿行事，不要设法去逗他们开心；只要用心聆听，接受他们的感受，并表示理解他们的心情就可以了。

其实，很多人在悲痛的时候是不愿意多说话的，此时，我们就要尊重他们的心态。

如果对方想哭泣，那就让他哭好了。哭泣是人体尝试将情绪毒素排出体外的一种方式，而哭泣是疗伤的过程。所以，别急着拿面巾纸给对方，只要让他知道你支持他的心意就好。

3. 主动提供一些帮助

如果朋友正处在伤痛的状态，那么对日常生活的细节可能就会感到难以负荷。这时，我们可以主动提供一些帮助，向朋友表示愿意帮忙跑腿或者帮着做一些力所能及的事情。

比如，一位单身女人曾说："我腿骨摔伤时，觉得生活完全不在我的掌控之中，后来我的几个好朋友轮流替我开车，从而使我放松了下来。"这样实际的帮助更能起到安慰朋友的作用。

4. 长期守候，充当"共鸣箱"

改变会带来许多混乱，没有人可以快速地改变，整顿混乱。当对方处在巨变时期时，需要有人和他讨论"该怎么办？选择了这个，会有什么样的结果"等问题。因此，作为朋友，我们可以试着更多地关心对方，增加见面、吃饭的机会，充当对方的"共鸣箱"，且能不厌其烦地供其反复使用。

5. 勇敢地挺身而出

无论身处任何状况，对自己不知该说什么而感到困窘，这是正常的。让我们想帮助的人知道我们的感受，也是一种好的方法。甚至可以老实地说："我不知道你的感觉，也不知道自己该说什么，但是我真的很关心你。"即使自己对这样的表达觉得可笑，还是可以让对方觉得温暖，而且让对方更快地调整好和别人沟通的状态。

你也可以采取写字条、发短信的方式来表达，有时候，书写的感觉可以让人更重视。"疗效对话"尚有许多不同的形式，让对方温暖不失面子的做法最可取。

最后，你需要记住的一点就是，安慰就是安慰，不是改变别人，更不是治疗。你只需明白对方的苦恼，让他知道他被听、被懂、被认可，并告诉他已经做得够多、够好了，这其实就是很好的安慰了。

相亲时，应聊些什么

在相亲过程中，我们应该多关注对方，而不是总把自己当作话题。我们可以用轻松独特的方式去引导对方多谈谈他们的情况。

虽然现在的人们都追求自由恋爱，可是，如果实在找不到合适的对象，就不得不通过相亲的方式来结识另一半了。其实，相亲并不是一件丢人的事情，相反，如今随着越来越多的帅哥美女加入"相亲大军"中，相亲逐渐变得时尚起来。

相亲自然是想找到合适的结婚对象，可是在这之前，我们首先要解决与对方沟通的问题。不可否认，在相亲的队伍中有一些人的性格是较为内向的，他们平时就不善于表达，因而在相亲时往往都过于紧张，不知道该如何与对方聊天。其实，在相亲中和对方聊天并不是一件难事，只要我们掌握一些必要的技巧就行。

首先，我们要注意个人的形象。相亲时双方通常是第一次见面，因此要特别注意给对方的第一印象。一般来说，如果穿着整洁、庄重，同时服装质地不错，透出另一种简约、大方的时尚，会让人看起来舒适得体，充满自信，这样就会起到事半功倍的作用。需要注意的是，如果穿戴十分花哨，很可能事与愿违，会被对方认为不可靠。

其次，在相亲之前，绝大部分相亲者都已经对对方的基本情况有了一些了解，甚至已经看过了对方的照片。但即便如此，在见面的一刹那看对方是否顺眼也是十分重要的。这个标准看似简单，但其实与我们穿着打扮是否得体大有关系。

在见到对方之后，我们最好有一个真诚的开场。第一时间大胆地、诚恳地说出自己对对方的评价，就是一种不错的开场，这比长篇的自我介绍要好得多，既显得落落大方，又可以在第一时间引起对方的关注。比如，如果对方确实好看，我们便可以说："很高兴认识你，你真漂亮！"如果对方长相一般，我们可以评价地方的气质或是打扮，如"你的外套真好看。"

接下来，我们可以互相介绍一些自己的情况，这是相亲中必有的环节。在这个环节中，我们要注意一点，那就是不要自我炫耀或吹嘘自己的朋友。通常，那些听起来自我炫耀或吹嘘自己朋友的话都是很失败的开场白，如"我拥有英语专业的博士文凭""我的朋友是一名飞行员"等。有调查显示，在相亲中如果出现这样的话，最终就会导致失败的结果。

事实上，在相亲时，很多人习惯于把自己捧上天，说自己多么有本事、被很多人追求，只是为了提升自己，以为这样就可以吸引对方。殊不知，这其实是一种心虚的表现，一旦被明眼人看穿，就会从云端跌落到谷底。

因此，在相亲过程中，我们应该多关注对方，而不是总把自己当作话题。我们可以用轻松独特的方式去引导对方多谈谈他们的情况。

当我们与对方有了一些了解后，便可以找一些对方感兴趣的话题来与对方聊。这些话题最好是令对方感到舒服的话题。调查结果显示，以旅行为话题的男女比谈论电影的男女继续约会的可能性更大，因为男人和女人通常对于电影这个话题有不同的看法。

在聊天过程中，我们要适当运用幽默或稀奇的问题来增加趣味性。通常，那些会用幽默或稀奇的问题进行聊天的人都能成功俘获心仪的对象，他们可能并不是当场最有魅力的人，可当对方回答他们的提问时很难不面带笑容。

最后，在相亲聊天过程中，还要注意以下事项：

第一，不要喋喋不休。相亲是两个人的事，如果一个人喋喋不休，不顾及对方的感受，或不给对方插嘴的机会，那就犯了相亲的大忌。

第二，千万不要急于求成。很多人在相亲的时候总是急于求成，希望一次相亲就能成功，尽快踏入婚姻的殿堂。可是急于求成的心态往往只能让我们看到对方的缺点，或者只是看到对方的优点，容易一叶障目。

第三，别提太现实的问题。有些人，尤其是女孩，觉得反正是相亲，不如直接点，于是便当面询问对方"你有没有房子""有没有房贷""月收入多少"等，殊不知，这样会让对方觉得你太过现实，很快就会把你否定掉。

第四，避免谈话紧张。避免在谈话中出现需要对方回答"是"或"不是"的问题，因为这可能会造成谈话紧张。

说点甜言蜜语的小情话

并不是只有女人才喜欢甜言蜜语，有时候甜言蜜语对男人也是非常受用的，正所谓铁汉也柔情。所以说，无论男人还是女人，如果能够巧妙地使用甜言蜜语，那么，在感情上一定能大获全胜。

青年男女在恋爱的时候，甜言蜜语是必不可少的，特别是到了谈婚论嫁的阶段，双方的嘴巴就好像是抹了蜜糖一样，甜言蜜语往往成了双方交流的主要用语。

一般来说，女人往往喜欢听温柔、甜蜜的语言。处在爱河中的女人的字典里，是永远没有老套的字眼的。女人就是希望通过有形的眼睛与耳朵得到确认：我在他心目中是最重要的、必不可少的人。在大部分女性的意识里，语言比行动更加重要。如果男人不在她们耳边重复着说"我爱你"，她们就会认为无法和对方交流，就会觉得对方不在乎自己。

虽然女人有时候也明白自己在恋人心中的地位，可她还是希望恋人能把它说出来。她们之所以要求男人这样做的唯一理由就是：你关心我，就应该说出来让我知道，你不说，我又怎么会知道呢？然而大部分的男人却认为，实际的行动要比甜言蜜语更加重要。很多情侣都因此而产生过隔阂，为此分手的也不少。

所以，男人一定要明白，像"我爱你""我喜欢你"之类的这些话对女人来说是很重要的。女人认为这才是彰显自己的魅力和内在价值的标志所在。

当然，并不是只有女人才喜欢甜言蜜语，有时候甜言蜜语对男人也是非常受用的，正所谓铁汉也柔情。所以说，无论男人还是女人，如果能够巧妙地使用甜言蜜语，那么，在感情上一定能大获全胜。

1. 久别重逢的恋人间的甜言蜜语

俗话说"小别胜新婚"。热恋中的情侣还没有走入婚姻殿堂，这时的感情往往还很单纯、热烈，经历了小小的分别，再度重逢，所有的关怀和问候都化成了甜言蜜语。这时候，无论多么直白的表述都不为过。你可以说："你真的回来了，我不是在做梦吧，如果这是梦，我宁愿永远也不要醒过来。"你也可以拥着你的恋人说："跟你在一起的感觉真好，我们再也不分开了。"这种久别重逢的感觉，估计只有经历过的人才能体会得到，在此时无论说什么甜言蜜语都不用怕羞，也绝不会让人感到厌烦，或许还会认为不够呢。

2. 分处两地的恋人间的甜言蜜语

上天有时候好像总是会给相恋的人一些考验，以此来验证一下他们的感情是否牢固，把热恋中的情侣分隔两地就是它常用的一种方法。热恋中的情侣，本来就是"一日不见，如隔三秋"，现在偏要把他们分开（分开的原因有求学、工作调动、出差等），的确是一件让人感觉痛苦的事情。这时双方都需要彼此的关怀和抚慰。甜言蜜语的"电话粥"自然是不能少"煲"的了。请看下面的一段对话：

女："你干什么呢？"

男："给你打电话呀！"

女："我知道！想没想我？"

男："当然，每天都很想！"

女："骗人！"

男："没有啊，我真的很想很想你！"

女："我也很想你！"

男："别急，我很快就要回去了，不要太想我了，注意身体！"

女："嗯，你也是！"

在上面这段分隔两地的情侣的电话交谈中，双方都是用了甜言蜜语来安抚对方。身处两地，思念之情溢于言表，这是人之常情，也是情感的真实流露，完全没有给人做作、肉麻的感觉，相反还很让人感动，这时候的甜言蜜语已经成了双方的肺腑之言。经过了这样的分别，双方的感情会更加深厚。

3. 大庭广众之下的甜言蜜语

一说起甜言蜜语，很多人都会把它和隐私联系起来，总感觉只有在两人独处、耳鬓厮磨时才会有甜言蜜语。其实不然，甜言蜜语，不仅仅包括"我爱你""我想你"之类的柔情话语，还包括那些只有两个人才懂得的"私人用语"。比如，情侣之间的甜蜜称呼，就属于这种"私人用语"。其中的意思只有你们两人知道，外人无从知晓，就算在大庭广众之下说出来也无伤大雅，还会增进彼此的感情。

小A与其女友是同事。一次午休时，小A见女友睡眼蒙眬，无精打采，便上前问道："你看你，睡眼惺忪的，就像一只猫似的。"其女友也不甘示弱，立刻回敬道："哪像你呀，吃饱了的猴，就知道撒欢儿。"说完两人都会心地笑了。

原来小A与其女友私下里经常以"小猫"和"懒猴"来称呼对方，里面所传达的爱意，外人当然是无法领会的。

夫妻感情的保鲜法：非暴力、多沟通

夫妻之间说话，往往会忽视对方的感受。人的心情有好的时候，也有不好的时候。如果在心情不好时，听到了不好的事情或看到恶劣的态度，情绪就会变得更加烦躁。因此，一个聪明的妻子或丈夫，应该懂得察言观色，读懂对方的同时注意自己的说话内容和方式，尽量让对方高兴。

有一首歌中唱道："相爱简单，相处太难。"在恋爱之初，相互都觉得性格相投，相处融洽，可是结了婚之后，却发现彼此间原来有很多差异。此时，作为截然不同的两个个体，语言的沟通有着非常重要的作用。

在性格不同的夫妻身上，我们往往更容易发现一些不尽相同的特点，或者会遭遇到一些不熟悉、不习惯的东西。如果，我们对那些与自己不同的特点、习惯、兴趣和爱好的人过分挑剔，其结果是可想而知的。

有人总结林肯一生最大的悲剧不是被刺杀，而是他的婚姻。亚伯拉罕·林肯和妻子玛丽·陶德，在各方面都是相反的：背景、教育、脾气、爱好以及想法，都是相反的。他们经常使对方不快。

原参议员亚尔伯特·贝维瑞治写道："林肯夫人高而尖锐的声音，在对街都可以听到，她盛怒时不停的责骂声，远传到了附近的邻居家。她发泄怒气的方式还常常不光是言语而已。她暴躁的行为简直太多了，真是说也说不完。"

比如，林肯夫妇刚结婚时间不长，跟杰可比·欧莉夫人住在一起。欧莉夫人是一位医生的遗孀，环境使她不得不分租房子和提供膳食。

一天早晨，林肯夫妇正在吃早饭，林肯做了某件事情，引得他太太大发脾气。究竟是什么事，现在已经没有人记得清了。但是林肯夫人在盛怒之下，把一杯热咖啡泼在了林肯的脸上，当时还有许多其他客人在场。

当欧莉夫人进来，用湿毛巾替他擦脸和衣服的时候，林肯羞愧地静静坐在那里，不发一言，而林肯夫人早已扬长而去。

林肯夫人的行为，是如此令人无法理解，她在大众场合做出如此可悲而又有失风度的事情，让人惊讶不已。她最后终于发疯了。对她最客气的说法，有专家分析指出，她之所以脾气暴躁，或许是受夫妻之间缺少情感交流的影响。

夫妻之间说话，往往会忽视对方的感受。人的心情有好的时候，也有不好的时候。如果在心情不好时，听到了不好的事情或看到恶劣的态度，情绪就会变得更加烦躁。因此，一个聪明的妻子或丈夫，应该懂得察言观色，读懂对方的同时注意自己的说话内容和方式，尽量让对方高兴。

那么，在夫妻生活中，交流时需遵循哪些原则呢？

1. 遇事多商量

在家中，多点民主，凡事多商量一下，许多棘手的问题往往都可以迎刃而解。比如，过年过节时，丈夫要给岳母买点礼品，问妻子："买点什么，买多少？"妻子可以说："这些事用不着我管，一切由你全权处理了。"当丈夫提出一个数目征求妻子的意见时，妻子不要说："多了！"或惊讶地说："那么多！"而应说："少了点吧！再添几个。""妈妈把咱带大不易！"再如，小姨子、小舅子结婚要送礼，妻子问："送多少钱？"丈夫可以说："这些事用不着我管。"当夫妻双方有事情时能够共同商议，那家中自然就会太平。

2. 知道互相安慰

一个人在受到委屈时，十分需要谅解、关怀和安慰，女性更是如此。当她因家庭中某些事忙得心烦意乱而生闷气时，送上几句安慰话便胜似灵丹妙药。

比如，丈夫周末又加班，而且是几个周末都连着加了，所有家务活都推到了妻子身上。这时，她又要洗衣服，还得收拾屋子，可孩子还又哭又闹，她什么活也没法干，那个烦心劲儿就别提了。

这时，如果丈夫有一种功臣思想，觉得上班很累，回到家就应该好好休息才是，到家后把包一扔，床上一躺，这时，十之八九，妻子不会给他好脸看，这个架很可能就会吵起来。反之，如果丈夫有一种内疚的心理，感觉自己不在家，妻子受累了，进屋就挑好话说，比如，见到爱人正在洗衣服，就说："我来帮你晾，你洗这么多，我还打算回来洗衣服呢！"对孩子说："来！佳佳，看爸爸给你买什么了？"相信，这时妻子的心中像流进了一股暖流，委屈消失，脸上"多云转晴"。

3. 相互鼓励

夫妻之间任何一方在生活中都难免会遭受到意外或不幸，在工作中难免会遇到挫折，这时对方的安慰和鼓励就非常重要了，它能给人以勇气与力量。如果妻子把自行车丢了，很焦急懊恼，这时丈夫安慰说："不要急，上派出所去挂失，或许能找到，实在找不到，就用我那辆，反正我离单位近。"妻子听了，感到丈夫很大度，自然宽心。如果丈夫火上浇油，那定会引起妻子唠唠叨叨，揭丈夫的老底，到头来肯定会弄得"战事不休，鸡犬不宁"。

当然，夫妻之间要注意的方面还有很多，但是，只要以诚相待，注意各自的修养，多多交流，就一定能使夫妻生活变得更加幸福美满。

夫妻争吵要把握好"度"

通常来讲，夫妻争吵没有什么原则性的问题，都是一些鸡毛蒜皮的小事，但是真到了吵架的地步，如果不讲究吵架的艺术，那么或多或少都会影响到夫妻之间的关系。

夫妻争吵是一个很正常、很普遍的现象。事实上，夫妻争吵的过程，就是一个不断磨合、不断适应、感情不断升华的过程。不要以为美满的婚姻就没有争吵，那是不切实际的。就像烧菜不能没有盐一样，可以说，世界上没有不争吵的夫妻，倘若真发展到连争吵的气力和情调都没有了，那也就意味着婚姻已经走到了尽头。

通常来讲，夫妻争吵没有什么原则性的问题，都是一些鸡毛蒜皮的小事，但是真到了吵架的地步，如果不讲究吵架的艺术，那么或多或少都会影响到夫妻之间的关系。因此，在争吵时一定要把握好一个"度"。那么，夫妻争吵时，要注意哪些事项呢?

1. 学会克制自己

这一点是非常重要的，在夫妻生活中，首先要学会克制自己，控制情感，不要随便发脾气，多忍耐一些，多宽容一些，遇着不开心的事，要尽可能地让着对方，这样就会加深夫妻之间的感情，彼此会爱得更深些。

2．君子动口不动手

有些夫妻吵架不免会拼个你死我活，甚至还会动拳头。所以在这里提醒大家，在吵架的时候，一定要有君子的风范，否则就成了家庭暴力了，会严重影响两个人的感情，甚至还会违法。

3．吵架要有节制

吵架最好是就事论事，吵完之后就过去了，如果觉得没过瘾或者问题没解决，可以适当延长吵架时间，但原则是最好不要今天吵完了明天接着来，没完没了地吵，破坏情绪，毁掉幸福，不但解决不了问题，还会不断添堵。

4．吵架不要翻旧账

吵架肯定是有原因的，可是吵架也要有原则，就事论事吵架没问题，吵过了也就过去了，一些郁结在心里的陈年旧事不是通过吵架就能化解的，最好的办法是忘记、搁置或者心平气和地沟通解决，吵架的时候往往情绪都比较激动，不能没事儿翻旧账，否则就是火上浇油。

5．吵架不能盲目说分手

吵架时动不动就说要离婚或者分手，这是一种非常愚蠢的行为。如果因为赌气而离婚，那遭受折磨的就会是自己，而绝不是别人。即使没有离婚的想法，只是说说气话，那也是不可取的，因为这种"要挟"在吵架中往往会起到推波助澜的作用，很可能会在冲动之下成为事实，事后就算把自己腮帮子打烂，把肠子悔青，也很可能挽回不了了。

6．吵架不能撒泼骂脏话

夫妻吵架不是泼妇骂街，一定要注意说话的分寸，要切忌骂人或说话带脏字。就算再怎么生气，也不能全然不顾场合和身份，不能在大庭广众之下激烈争吵，最好也不要在家长或孩子以及朋友、同事或者认识的人面前吵架，最好就在家里，吵完拉倒。

此外，吵架时不能随便张口就扯上对方的爹妈，如果出现像"你和你妈一样不讲理"或"你和你爸一样无赖"等之类的话，就一定会让争吵一发不可收拾。夫妻争吵时若把矛头指向对方的亲人是绝对不可取的，这会让对方无法容忍。

7．不揭人短

俗话说："打人不打脸，骂人不揭短。"夫妻争吵时，有时会趁机揭对方的短，让对方下不来台，这种做法是非常不可取的。夫妻朝夕相处，彼此之间都特别熟悉，对于彼此的毛病也都十分清楚。每个人都讨厌别人恶意揭短，这样做只会激怒对方，使矛盾进一步激化，甚至伤及夫妻感情。

8．不要自以为是

夫妻吵架时，无论吵架的原因是什么，双方都不应该自以为是，不要光抓着对方的过错不放，应当冷静地想一想，自己是不是也存在过错。在吵架时，一定要坚持"穷寇勿追"的原则。

9．主动和好

主动和好是维持夫妻感情的关键。吵架归吵架，可夫妻还是要继续做下去，日子还要过，夫妻路还要继续走，所以，吵架过后，夫妻要尽快和好。作为丈夫应该主动、大度；作为妻子应当宽容、温柔。

夫妻冷战，巧言来化解

　　家庭就像一部电脑，婚姻是硬件，情感交流是软件，冷战则是病毒。过强过长的冷战会让这部电脑陷于瘫痪。所以，朋友，如果你不想离婚，就从现在开始停止冷战吧。如果不幸还是陷入了"冷战"，其实只要其中一方能够针对矛盾的具体情况，采取相应的交谈方式，用好语言技巧，就能很快打破僵局，让家庭生活恢复往日的祥和与欢乐。

　　或许对于大部分夫妻来讲，当夫妻间发生矛盾时，最直接的表现方式不是世界大战般的厮杀，而更多则表现为夫妻间的"冷战"。"冷战"是指夫妻之间以沉默对之，互不理睬。冷战有的持续几天，有的可多达数日，甚至数月、数年。

　　冷战是夫妻矛盾的一个症结，是杀伤力很强的隐形武器，极具破坏力，它不但伤身、伤神还伤感情。女人在冷战中觉得委屈，男人在冷战中觉得愤懑。两个人都会觉得日子过得没意思，但又都不想以离婚的形式结束这种日子。那么，让一步又有什么了不起呢？其实，大多数夫妻的冷战起因都是鸡毛蒜皮的小事。有一对夫妻，因为男人下班时忘记了买两根葱，误了妻子做饭，于是，受到妻子责怪。男人不服，二人口角起来，于是，一场冷战开始，足足20天才结束。想一想都觉得可笑。

事实上，夫妻间亲密关系的建立，只有在坦诚的沟通中才能实现。夫妻之间出现"冷战"时，若一方先打破沉默，另一方就会响应，这样夫妻两人最终就会重归于好。可是，有的人认为谁先打破沉默，就意味着谁就输了，就丢了面子，这是大错特错。如果觉得先开口就是丢面子，那么，是面子重要还是婚姻更重要。先开口是先迈出解决问题的第一步，是有建设性意义的举止，而绝非什么丢面子，这恰恰证明了谁在用合理的沟通方式尝试着解决问题。人要择善固执，这在解决问题中同样重要。

那么，怎样消除冷战呢？

1. 主动道歉

如果夫妻两个其中一方意识到发生矛盾的主要责任在自己方面，就应主动向对方承认错误，道歉，并请求原谅。

小赵到外地出差，回来时因公司有急事临时改变了航班。妻子想给他一个惊喜，就按原来航班的时间去接他，在机场等了很久，心急如焚。后来，她得知丈夫是临时改变了航班，心是放下了，可气却上来了。小赵回到家后，妻子一句话也没说。小赵知道是自己不好，就赶紧道歉："好了，这事是我不好，以后一定注意。我当时是由于事太急就忘了告诉你了，而且我也不知道你要来机场接我。你就别生气了好吧，回头气出个好歹，我会心疼的。今天我下厨，算是给你赔罪了！"妻子听后，怨气很快就烟消云散了。

2. 直言求和

如果双方的矛盾很小，只是偶然出现了摩擦，那双方就应该胸怀宽广一些，直截了当与对方打招呼。比如，可以说："好了，别生气了，过去的事情就让它过去吧！"也可以装作什么事都没发生一样，主动和对方说话。此时，对方便可以顺水推舟，打破沉默。

前天晚上，小马和妻子闹别扭了。第二天早上上班前，小马突然对还在生气的妻子问："我那件蓝色呢子大衣呢？"见丈夫没记仇，妻子也不好意思不理睬，就说："拿去干洗店洗了。"就这样，两人间的僵局就被打破了。

3. 用幽默语言打破僵局

当夫妻两人冷战时，若能采用幽默的语言打破僵局，则能取得很好的效果。

小刘和妻子两人因一件小事生气，一天了谁也没理谁。眼看快到吃晚饭的时间了，妻子脸上还是阴阴的。小刘笑着对妻子说："我说，你看这'国际冷战'都结束二十几年了，我们的'冷战'是不是也可以松动一下啊？你看你脸拉那么长干什么？女人生气很容易变老的哦！"妻子听了，不由自主地笑了。

4. 利用"中介"帮忙

若双方的矛盾比较大，当面说话害怕对方不给面子，这时可以借助"中介"来传递信息。比如，打电话。通过打电话，不但可以认错，还能说明问题和愿望，不过前提是对方得肯接电话。另外，如果有孩子了，我们还可以借助孩子来"搭桥"。

爸爸和妈妈冷战好几天了。星期天，爸爸叫女儿拉上妈妈一起出去玩。这时，妈妈的气头还没过，不愿意去。女儿不干，硬是把妈妈拉出了家门。就这样，一家三口度过了快乐的一天，回来时早把不愉快远远地抛到脑后了。

其实，家庭就像一部电脑，婚姻是硬件，情感交流是软件，冷战则是病毒。过强过长的冷战会让这部电脑陷于瘫痪。所以，朋友，如果你不想离婚，就从现在开始停止冷战吧。如果不幸还是陷入了"冷战"，其实只要其中一方能够针对矛盾的具体情况，采取相应的交谈方式，用好语言技巧，就能很快打破僵局，让家庭生活恢复往日的祥和与欢乐。

超|级|聊|天|学
ChaoJiLiaoTianXue

第9章

"拒绝他" ≠ "得罪他"

三毛

不要害怕拒绝他人，如果自己的理由出于正当。

汪国真

拒绝别人一定要委婉，因为没有人喜欢被拒绝；被别人拒绝一定要大度，因为拒绝你的人总有他的理由。

毕淑敏

拒绝是一种权利，就像生存是一种权利。

_/   {<::>}

酒宴之上不伤和气的推酒词

在酒宴上开怀畅饮固然好，可是并非每个人都有这个能力和兴趣，更何况酒喝得适量也是有益无害的，但如果过量饮酒喝得酩酊大醉，就于人于己都没有好处了。因此，面对别人的盛情劝酒，我们一定要学会用语言巧妙地拒酒。

李阳乔迁之日，特别邀请了亲戚朋友来庆贺，张伟也在其中，可是张伟平时很少喝酒，而且酒量也是"不堪一击"。在酒宴上，李阳提议要和张伟单独"意思"一下，张伟知道自己酒量不行，忙起身，一个劲地笑说着圆场话："你看咱们经常见面，真的不必客气。""酒不在多，喝好就行。""你看我喝得红光满面，全是托你的福了，实在是不能再喝了。"最后，李阳实在是无可奈何了，只能放过张伟。

如今，人们的应酬越来越多，朋友聚会、商务聚会是应接不暇，饭桌上总是少不了酒的身影。酒桌上的觥筹交错能够营造出很好的就餐氛围，增进人际交往。于是，劝酒就成为宴席上一种特殊的风景。但是，如果你不会喝酒或是不能喝酒怎么办呢？这种情况也不能直接拒绝，那如何婉拒对方的盛情，把酒"推"出去，又不使劝酒者难堪，就是需要练就的功夫了。

下面就教你一些最管用的推酒词：

1. "只要感情有，喝什么都是酒。"

如果你的确不能喝酒，那就要说服对方，用饮料或茶水来代酒。

你可以这样问他："咱们俩有没有感情？"他会答："有！"你就顺势说："只要感情有，喝什么都是酒。感情是什么？感情就是理解，理解万岁！"然后你就以茶代酒，表示一下。

2. "只要感情好，能喝多少，喝多少。"

你可以把这句话展开来说："九千九百九十九朵玫瑰也难成全一个爱情。只有感情不够，才需要用玫瑰来凑。所以说，只要感情好，能喝多少，喝多少。我不希望我们的感情掺和那么多'水分'。虽然我只喝了一点儿，但是这一点儿是一滴浓浓的情。点点滴滴都是情嘛！"

3. "只要感情到了位，不喝也会陶醉。"

你可以试试这样说："跟不喜欢的人在一起喝酒，是一种痛苦；跟喜欢的人在一起喝酒，是一种感动。既然我们走到了一块，就说明我们感情到了位。只要感情到了位，即使不喝也会陶醉。"

4. "感情浅，哪怕喝大碗；感情深，哪怕舔一舔 。"

在酒桌上，即使千言万语，无非都归结为一个字"喝"。

如果有的人劝酒时把喝酒的多少与人的美丑和感情的深浅扯到一块，比如说："你不喝这杯酒，一定嫌我长得丑。""感情深，一口吞；感情浅，舔一舔。"这时你就要驳倒它们的联系，就说："如果感情的深浅与喝酒的多少成正比，那我们这么深的感情，一杯酒是不足以体现出来的。我们应该一块跳进酒缸里，因为我们这么多年的交情，情深似海。其实，感情浅，哪怕喝大碗；感情深，哪怕舔一舔。"

5. "为了不伤感情，我喝；为了不伤身体，我喝一点。"

如果劝酒者说："喝！感情铁，喝出血！宁伤身体，不伤感情；宁把肠胃喝个洞，也不让感情裂个缝！"其实，这种劝酒方式是不理性的，这时你可以这样回答他："我们要理性消费，理性喝酒。'留一半清醒，留一半醉，至少梦里有你追随。'我是身体和感情都不想伤害的人，没有身体，就不能体现感情，就成行尸走肉了！所以，为了不伤感情，我喝；为了不伤身体，我喝一点。"

6. "在这开心的一刻，让我们来做道选择题吧！"

把我们的思路打开一些，拒酒的办法就有了。如果他要借酒表达对你的情和意，你可以这样说："在这开心的一刻，我们来做道选择题吧！A拥抱，B拉手，C喝酒，任选一项。如果是我敬你，就让你选；现在是你敬我，所以得我选。我选择A拥抱，好吗？"

在酒宴上开怀畅饮固然好，可是并非每个人都有这个能力和兴趣，更何况酒喝得适量也是有益无害的，但如果过量饮酒喝得酩酊大醉，就于人于己都没有好处了。因此，面对别人的盛情劝酒，我们一定要学会用语言巧妙地拒酒。

此外，巧妙地拒酒，不光要有巧妙的语言，还要有坚持到底的精神，哪怕别人的劝说是天花乱坠，你也一定要笑眯眯地频频举杯而不饮，并且要振振有词。这样时间长了，别人就都会知道你是真的不能喝，下次也许就不会再劝了。千万不要在中途招架不住而投降了，这样一来，别人就会认为你不是不能喝，而是没劝到家，那以后劝的力度就会加大，你就更加没法招架了。

拒绝追求要把握分寸

> 感情这个东西，是不可以勉强的，所以如果无法接受追求者的感情，就要果断地拒绝。否则，不但会耽误对方的时间，也势必会使自己的恋爱变得复杂化，甚至可能产生严重的后果。因此，采用这样的处理方式，既是对自己负责，也是对对方负责。

男女之间的爱慕和追求是很正常的现象，可是爱情并不是游戏，需要男女双方都必须具有一定的责任感。感情这个东西，是不可以勉强的，所以如果无法接受追求者的感情，就要果断地拒绝。否则，不但会耽误对方的时间，也势必会使自己的恋爱变得复杂化，甚至可能产生严重的后果。因此，采用这样的处理方式，既是对自己负责，也是对对方负责。

那么，当你面对无缘的爱恋时，应当怎样巧妙地回绝呢？

1. 态度要诚恳

语言是表达爱情的一种方式，当对方向你吐露心迹，这种真挚炽热的情感是圣洁美好的。也许是对方克服了巨大的心理障碍，鼓足勇气才说出来的。可是，当你无法答应对方的爱恋时，如果断然拒绝，很容易让对方受到伤害，甚至会痛不欲生，或者采取极端的手段来抚平自己的创伤。因此，作为被追求者，在拒绝对方时，一定要表现出真诚友善的态度，吐出肺腑之言，让对方从"细微之处见真情"。

《简·爱》一书中，当简·爱的表哥牧师圣约翰向她求爱时，尽管牧师救过她的命，而这时孤单的简·爱也确实需要依傍，但她非常清楚，友情不等于爱情。她说："我答应作为你的传教伴侣和你同去，但我不能做你的妻子，我不能嫁给你。"对圣约翰来说，可能他当时很痛苦，但简·爱的语言真诚而友善，对方只能友好地退步。

2. 先肯定，后回绝

对方忘不了你，是因为你的魅力深深地感召着对方。你不妨反其道而行之，先正面赞美对方的优点，真言实语，善意作答，再道出自己的不足之处，以此回绝。常言道"天涯何处无芳草""人生处处有青山"，敦促其重新抉择。

王强对李梅产生了眷恋之情。面对王强的倾慕之情，李梅说："你既聪颖，又上进，像你这样的小伙子可以说是人见人爱。但我坦诚地说，我已经有了意中人。我深信在众多的女孩子中你一定能找到你的真爱。"

此番回绝，语重心长，爱与被爱表露得淋漓尽致，真挚的情感溢于言表，既淳朴，又厚道，于是，王强不再向李梅倾情。

3. 借物喻人，委婉回绝

有些时候，拒绝对方的感情需要采用委婉的方式。这样，不但能达到自己拒绝的目的，也不至于让场面尴尬，造成不愉快。你可以抓住生活中一些特有的事物，让它富有寓意，也能收到四两拨千斤的效果，但回绝时应当尽量委婉些、谦逊些，让对方自知其意。

一个姑娘与小伙子第一次处"对象"后，就有否决之意。没料到，第二天小伙子竟然找到了姑娘的公司，邀请再次约会。姑娘婉拒道："我现在正忙于公司的事务，实在抽不出身，真对不起，你请回吧！"下班后，姑娘发现小伙子还待在公司的门口，于是买了一个泡泡糖递给他，寒暄几句后便匆忙告辞。姑娘的这一举动使小伙子顿时醒悟，知道姑娘是借物喻人，借泡泡糖的易破裂来否定一厢情愿的爱，于是只好选择放手。

当然，对于那些你十分讨厌的人，或是心怀叵测的人，有时候直截了当地予以坚决回绝，往往会减少诸多不必要的麻烦。切记一句格言："决不要道歉，决不要解释。"除非你的理由不容置疑。最聪明的拒绝异性的方法往往是——根本不用说任何理由。

面对别人的邀请巧妙说"不"

　　　　面对别人的盛情邀请，要做到果断拒绝，真的很难，而且也不可取。所以说，我们应该学会用恰当、得体的语言去拒绝别人，给对方一个符合其期望的回答，即使是拒绝，也能让对方很容易地接受。

　　在人与人的交往中，每个人都有被他人邀请的时候。可是，有的时候由于各种原因，你实在不想赴约。如果直截了当地说"不"，你又害怕会让对方感到失望和尴尬，怕伤了对方的感情，为此常常会给自己带来许多烦恼。

　　可见，面对别人的盛情邀请，要做到果断拒绝，真的很难，而且也不可取。所以说，我们应该学会用恰当、得体的语言去拒绝别人，给对方一个符合其期望的回答，即使是拒绝，也能让对方很容易地接受。

　　那么，我们到底该如何巧妙应付，恰当地拒绝别人的邀请呢？

　　1. 在开小差中拒绝

　　如果你怕接受了别人的饭局邀请而喝多，之前可以偷偷地把手机设个闹铃，到时候闹铃一响，就说去接电话，出去半天不回，回来后再道歉。也可以借口说去洗手间，这样别人也不会有何异议。

2. 答非所问暗示拒绝

别人想邀请你做一件你不想做的事，可以采取答非所问的方式，巧妙地利用暗示的方法让对方知道，你对他的邀请不感兴趣，他就会知趣而退。

李娟在相亲派对上认识了一个男士，开始两人相处得还不错，但很快李娟就发觉两人并不合适，于是打算找一些借口断绝和对方往来。"下周末我们还去爬山怎么样？"分别的时候，那个男士又邀请李娟。"下周我们一直都要上班，周末也是。""那就再下周吧！""到时候再说，最近总是在周末出去玩，到周一上班都没什么精神，我要回去休息了。"对方马上意识到了李娟的意思，便没有继续和李娟联系了。

3. 用拖延时间的方式拒绝

如果对方是你的好朋友，你若担心直接拒绝可能会伤害到对方，那么不如采取拖延时间的方式来拒绝。比如，朋友说："明天来我家玩吧。"可是你不想去，如果直接说"我没空，不想去"肯定不合适，不如说"明天不行，下次吧"产生的效果会更好。

4. 利用"第三者"拒绝

当别人有求于你向你发出邀请，而你又不好当面拒绝，或自己亲口说不合适时，你可以利用第三方作为"中介"的方式，巧妙地转达拒绝，从而避免了双方见面的难堪。

5. 模糊应答，回旋拒绝

模糊应答的功效在于，既给对方留下了一点希望之光，不至于太失望或太难堪，也给自己创设了一块"缓冲地带"，回旋余地大。

马芳当上某银行人事处处长后，一些人纷纷利用各种机会向她发出"盛情邀请"。她想，如果赴约既耽误工作，也容易给别有用心的人钻空子。于是，她想了个"模糊表态"的方法来应付。一次，某人利用自己过生日的机会请马处长"光临寒舍"。马芳不想赴这个宴，又不好拒绝，便说："你定的那个日子正是上级来检查工作的时候，这样吧，到时如果没有什么要紧事，我会抽空过去聚一下。"言下之意，要是有要紧事，或者没空，那就对不起了。这样一说，对方也就不能再讲什么了。

6. 用推托表示拒绝

如果朋友邀你周末去旅游，而你不想同他交往，但这理由又不能告诉他。你可以对他说："旅游真是不错，我也很想去，可是我们周末要加班，真是对不起了。"用其他的事推掉不愿意做的事是比较常见的拒绝方式。

当接到别人的邀请时，你若想拒绝，可以按照以上几种方式尝试一下，这不但能让你的人缘变得更好，还能显示你的修养。

"逐客令"也可以说得委婉动听

逐客是一种特殊的应酬。要把这种应酬做得完美，必须掌握两条原则：一是要有情；二是要有效。无论使用何种方法逐客，主人都必须不失热情，切忌用冰冷的表情和尖刻刺耳的语言伤害对方，也不宜用爱答不理的方式表示厌烦之意，免得以后见面时尴尬。

下班后吃过饭，你希望能够静下心来看看书或做点事，但总有些不请自来的"好聊"分子来扰你清静。他可能会絮絮叨叨，没完没了，一再重复你毫无兴趣的话题，越说越起劲儿。你勉强敷衍，却又焦急万分，想下逐客令却又担心伤感情，难以启齿。

但是，如果你经常这样委屈自己"舍命陪君子"，你的时间就会被别人这样无情地浪费掉。鲁迅说过："无端地空耗别人的时间，无异于谋财害命。"你一定不愿意让别人对你这样"谋财害命"吧，那么该怎么办呢？

最好的对付方法就是运用高超的语言技巧，把"逐客令"说得美妙动听，做到两全其美：既不伤害说话者的自尊心，又能让其知趣。也就是说，要把"逐客令"下得充满人情味。

1. 以婉代直

你可以用婉言柔语来提醒、暗示滔滔不绝的人，让他明白你并没有多余的时间跟他闲聊。与冷酷无情直接拒绝的方法相比，这种方法更容易让对方接受。

下班后，几个年轻人去拜访某位女教授。谈到夜深，这位女教授接着一个年轻人的话说："你提的这个问题很值得研究，明天我要去上海参加一个学术讨论会，准备就这个问题找几位专家聊聊。"几位学生听完教授这话，立刻起身告辞："很抱歉，不知您明天还要出差，耽误您休息了。"

这位女教授第二天要出差，需要早点休息，但碍于情面，又不好直言辞客，于是接过对方话题一兜，用委婉的语言暗示对方自己需要休息了，既达到了辞客的目的，语言又委婉得体而不失礼仪。如果女教授直言明天有事，改日再谈，虽可以达到辞客的目的，但却易置对方于较为尴尬的处境，也有损教授和蔼的形象。

2. 以热代冷

这种方法就是用热情的言语及周到的招待来代替冷若冰霜的表情，让好聊者在"特别热情"的主人面前感到不好意思再多登门。每当闲聊者登门时，你就笑脸相迎，沏好香茶，捧出点心、水果，对他客气有加，这样他就会吓得以后不敢再贸然前来。通常来说，你用接待贵宾的高规格来接待他，他也不敢老是以"贵宾"自居。

实际上，过分热情的实质就是冷待。这就是生活辩证法。但以热代冷，既不失礼，还能达到"逐客"的目的，效果之好，不言自明。

3. 以疏代堵

喜欢闲聊的人，大部分都是想用嚼舌来消磨时间的，原因在于他们既无大志又缺乏高雅的兴趣爱好。如果改用疏导法，让他能有计划地完成一些事情，他就没有时间光顾你这里了。显然，以疏代堵的方法能从根本上防止闲聊者上门干扰。

那么，应当怎样疏导呢？

如果他是青年，你可以用激励的方法疏导他，比如对他说："人生一世，多学些东西是很有必要的，有真才实学才能过上更好的生活。你不妨多抽点时间学点你感兴趣的东西，充实充实自己。"

如果他是老年人，你可以根据他的自身条件，诱导他培养某种兴趣爱好，比如养花、读书、练习书法等。不妨对他说："田伯伯，您的毛笔字功底真是不错，如果能再上一层楼，完全可以参加全市书法大赛啦！"这话一定会让他欣喜万分，跃跃欲试。一旦他有了兴趣，恐怕就算你请他来你这儿，他都不会再来了。

4. 以攻代守

这种方法就是用主动出击的姿态堵住闲聊者的登门到访之路。首先，你要先了解一下对方一般会在什么时候来你家，然后，在他来访前一刻钟"杀"入他家。这样，你就由主人变成了客人，他则由客人变成了主人。这样，你就掌握了交谈时间的主动权。你去的次数一多，他就会被你黏在家里，本来打算去你家的习惯很快就会改变。一段时间过后，他很有可能就不会再"重蹈覆辙"了。以攻代守，先发制人，这是一种特殊形式的逐客令。

总之，逐客是一种特殊的应酬。要把这种应酬做得完美，必须掌握两条原则：一是要有情；二是要有效。无论使用何种方法逐客，主人都必须不失热情，切忌用冰冷的表情和尖刻刺耳的语言伤害对方，也不宜用爱答不理的方式表示厌烦之意，免得以后见面时尴尬。

拒绝"有理"：不得罪人的拒绝艺术

当面对他人的开口求助，如果真是背离了原则或者自己确实很难办，就不妨把"不"字说出口。但要记住，找个有理有据的借口，表明你是真的无能为力。

在社交活动中，常会发生这样的情况：当别人有求于你，而你出于各种原因不能接受，又不好直说"不行""办不到"，这时该怎么巧妙地拒绝才能既不伤害对方的自尊心，又不伤了双方的感情呢？

1. 把难处说出来

帮别人办事，如果是举手之劳的事，想必谁都会答应对方的请求，但有时我们所面对的事情往往并不是想象中那样容易。这时，我们也不要为难自己，应当把难处说出来让对方知道你拒绝他的原因是什么。

2. 把对方的暗示挡回去

当对方提出请求后，你不要马上回复，而是应当先讲一些理由，诱使对方自动放弃原来提出的请求，以减少对方遭到拒绝后的不快。

两个打工的老乡找到城里工作的王某，诉说打工的艰难，一再说住旅馆住不起，租房又没有合适的，言外之意是想要借宿。

王某听后马上暗示说："是啊，城里比不了咱们乡下，住房可紧了。就拿我来说吧，这么两间耳朵眼大的房子，住着三代人。我那上高中的儿子，晚上只能睡沙发。你们大老远地来看我，应该留你们在我家好好地住上几天，可是真没有地方住啊！"两位老乡听后，就非常知趣地走开了。

有些求人的人，由于种种原因，不好意思直接开口，喜欢用暗示的方法来投石问路，这时你最好用暗示的话语去拒绝。

3. 让对方也理解你的苦衷

赵科长拿来厚厚一叠三四十页的稿纸对秘书小李说："小李，请你今天把这一叠演讲稿抄一遍。"

小李看着厚厚的稿子，很为难地说："这么多，抄得完吗？"

"抄不完吗？那请你另觅轻松的去处吧！"

也许科长正在气头上，于是小李被炒了鱿鱼。

小李的被炒确实让人感到惋惜，不过这也是可以想象的。像他这样生硬地直接拒绝上级的要求，给上级的感觉是他在对抗，不服从指示，以致扫了上级的威信。因此，小李被炒也就难免了。事实上，他可以马上先埋头抄起来，过一两个小时后，把抄好了的交给科长，再委婉地表示自己的困难，那样科长肯定会很满足于自己说话的威力，而且还会意识到自己的要求不合理，从而给你延长时限。如果小李这样做的话，他就不至于被解雇。

4. 说明利害关系

当遇到亲戚朋友委托你办事，而你又无法办到的时候，你可以对他说明利害关系，讲清楚道理，明确地加以拒绝。这样，他就会理解你，以后也不会再麻烦你了。

小亮的舅舅是一家石油厂的厂长。小亮跟朋友一起合开了一家加油站，想让舅舅给批点儿"等外油"，这样可以降低成本。

舅舅诚恳地对小亮说："我是厂长，的确我打个招呼，你就可以买到'等外油'。但我不能为你说这个话，这是几千人的厂子，不是我一个人的。我只有经营权，没有走后门的权力。你是我的外甥，你也不愿意看到我犯错误，而让大家指指点点吧。生活上有什么困难，我可以帮助你，这个要求我不能答应你，我不能用厂长的权力为亲属牟私利呀！"

小亮听了舅舅的话，什么话也没有了，从此他再也不给舅舅找类似的麻烦了。

5. 降低对方的期望

一般来说，大多数求你办事的人，都是相信你有解决这个问题的能力，对你抱有很高的期望。在拒绝的时候，如果你多说自己的长处，或过分夸耀自己，就会在无意中抬高对方的期望，进而会增大拒绝的难度。如果适当地说一些自己的短处，就能降低对方的期望。在此基础上，抓住适当的机会多说说对方的长处，就能把对方求助的目标自然地转移过去。这样不但可以达到拒绝的目的，还能使求人者因得到了一个好的建议而感到意外地惊喜，这样原有的失望和烦恼就会被欣慰心情所取代。

总之，当面对他人的开口求助，如果真是背离了原则或者自己确实很难办，就不妨把"不"字说出口。但要记住，找个有理有据的借口，表明你是真的无能为力。这样，彼此都可以接受，不至于把事情弄得很不愉快，而且求你办事的人以后也不会再三天两头地找你帮忙了。

不便回答，就把话题扯远

　　要想把话题扯远的拒绝技巧运用得好，关键在于转换话题。需要注意的是，你所转换的话题，一定要和自己不方便回答的问题有着某种联系。这就要求我们在平时一定注意积累丰富的知识，并且还要具备一定的应变能力才行。

　　在日常生活和工作中，我们总会遇到一些令人尴尬的问话。此时，如果我们回答"不能告诉你"，那会显得自己是一个粗俗无礼的人；如果套用外交用语回答说"无可奉告"，就会给提问者造成心理上的不快与失望。

　　那么，我们怎么巧妙地回答才能既拒绝对方，又不会使自己陷入难堪的境地呢？这时，我们不妨采取"把话题扯远"的方法。

　　在一次小型的联欢会上，观众席上有一个女子问一位女明星："听说您的出场费很高，一场至少要1万元，是吗？"

　　女明星回答道："你的问题提得有些突然，请问你是哪个单位的？"

　　女子答道："我是上海一个电器经销公司的。"

　　女明星问："那请问你们经营什么产品呢？"

　　女子答道："有电视机、电冰箱、空调……"

"那一台电视机多少钱？"

"我们那儿的电视机都是4000元以上的。"

"那如果有人出400元，你卖吗？"

"当然不能卖，每种商品的价格都是由它的价值决定的。"女子特别干脆地回答道。

"那就对了，演员的价值是由观众决定的。"明星笑着从容地答道。

那个女子问的问题是"出场费至少要1万元是不是事实"，可那位女明星由于不便回答这个问题，就岔开了提问者的话题，谈论起"演员出场费的多少是由什么决定的"。这样，不但回避了正面回答，而且也没有给对方留下一种答非所问的印象，使交际气氛变得非常轻松且和谐。假如这位女明星没有采取把话题扯远的方法作答，而是选择拒而不答的话，就很有可能把现场的交际气氛弄得异常紧张，甚至不欢而散了。所以，在和别人交流时，如果遇到不方便回答的问题，你也可以采取这种方法。

要想把话题扯远的拒绝技巧运用得好，关键在于转换话题。转换话题，是一种非常有效的拒绝方法，它能够转移别人的注意力，避免引起正面冲突，需要注意的是，你所转换的话题，一定要和自己不方便回答的问题有着某种联系。这就要求我们在平时一定注意积累丰富的知识，并且还要具备一定的应变能力才行。

"等等吧"：不便拒绝时的万金油

当对方提出请求后，你不用当场就拒绝，可以这样说："让我再考虑一下，明天答复你吧。"这样，不但赢得了考虑如何答复的时间，而且还会让对方认为我们是认真对待这个请求的。

对许多人来说，拒绝别人是一件很难办的事。当别人提出请求时，一般人不好意思张口说"不"，因为怕伤害到对方的感情，造成两个人的关系疏远。可是，有些时候，我们为了避免多余的困扰，对一些不合理或不合自己心意的事又不得不拒绝。那么，怎样拒绝才能不伤害到对方的自尊心呢？

当对方提出请求后，你不用当场就拒绝，可以这样说："让我再考虑一下，明天答复你吧。"这样，不但赢得了考虑如何答复的时间，而且还会让对方认为我们是认真对待这个请求的。

某单位一名职工找到车间主任说想要调换工种。车间主任心里明白，调不了，可他并没有马上回答说"不可能"，而是说："这个问题涉及好几个人，我一个人是决定不了的。这样，我把你的要求报上去，让厂部领导商讨一下，过几天再答复你，好吗？"

车间主任这样的回答可以让对方明白，调换工种不是一件简单的事情，存在着两种可能，就能让对方做好思想准备，这样就比当场回绝的效果要好很多。

某位作家接到老朋友打来的电话，邀请他到某大学演讲，作家是这样回答的："你能想到我，我非常高兴，等我查一下我的日程安排，我会很快回电给你的。"

这样说，即便作家表示不能到场，他也就有了充足的时间去化解某些可能产生的内疚感，而且还能让对方平静地接受。

一家汽车公司的销售主管，在与一个大买主谈生意时，这位买主突然说想要看看该汽车公司的成本分析数字。这些数据是公司的绝密资料，是绝对不能给外人看的。可是，如果不给这位买主看，势必会影响两家的和气，甚至会失掉这位大买主。销售主管想了想，说："这个……好吧，下次有机会我给你带来吧。"知趣的买主听后，便不再纠缠他了。

这位销售主管并没有直接说"不行，这不可能"之类的话，但是他的话里婉转地说出了"不"。

王剑夫妻两个人跟银行贷了些款，开了一家土杂日用品商店，两个人起早贪黑，把商店办得红红火火，收入颇丰，生活自然有了起色。王剑的叔叔是一个游手好闲的赌棍，经常把钱扔在了麻将台上。这段时间，由于手气不好，他把钱全输了，可是他又不服气，想着把本钱扳回来，又苦于没钱了，于是他就把眼睛瞄准了侄子的店铺，打定了主意。

一天，王剑的叔叔来到店里对王剑说："我最近想买辆摩托车，可是手头有点紧，还缺5000元，你看能不能在你这儿借点周转，过段时间就还。"王剑了解叔叔的嗜好，如果把钱借给他，无疑是肉包子打狗——有去无回。何况店里用钱也紧，于是就敷衍他说："好，再过一段时间，等我有钱把银行到期的贷款还了，就给您，银行的钱可是拖不起的。"叔叔听侄子这么说，没有办法，自己知趣地走了。

王剑没说不借，也没说马上就借，而是说过一段时间，等把银行贷款还完后再借。这句话里含有多层意思：第一，现在没有钱，不能借；第二，我也不富有；第三，过一段时间不是确指，到时借不借再说。这个叔叔听后心里就已经全明白了，但是他并不会心生怨恨，因为王剑并没有说不借给他，只是过一段时间再说而已，给了他希望。

可见，把事情巧妙地一带而过，比正面直接拒绝既有效而又不伤和气，只有这样，才能缓解对方当时急迫的情绪。

后记　会聊天让人生永不冷场

任何年纪的人都需要聊天，就像他们需要吃饭一样，连大人物也不例外。在用餐时，物理学家不一定会和同事谈论刚才所做的实验，相反地，他可能会谈一些国家大事、天气状况、电视节目，甚至女同事的裙子。

在你的日常生活中，你是否是一个会聊天、会侃侃而谈的人呢？

我曾经遇到过一个保险公司的高级销售经理，一个30多岁的女士，能在初次见面时就给你推荐某地来的中医名家，跟你说她在买房子和装修房子时遇到的有意思的事情……和她闲聊一个小时之后，我甚至知道了她老公当时是怎么追她的，以及她在结婚之前谈过几个男朋友，当然她在爆料之后还会加上一句话："这是我们私下里的秘密哦！"

这是我偶遇的唯一一个没让我产生反感的保险销售人员，因为她从头至尾都没有向我提起过与他们公司保险产品相关的任何事情。不过，如果我想了解保险产品的话，我想我会很愿意去找她咨询，因为她引起了我的好感，并让我毫无戒心。在每个人的防范意识都很强的当下，能够成功解除一个陌生人的戒心，这已经是非常高超的本领了。除了面善之外，她的技巧在于擅于观察，比如能看出你穿得比别人多；擅于寻找话题，比如会问你是不是怕冷；还很乐于助人，比如会热心地为你介绍中医调养名家。

这让我想到生活里遇到的另外一部分人，他们不会说话，会说到一半就不知所措，甚至胡言乱语，让听众对他的话题甚至对他本人都毫无兴趣。最后，他自己都不知道怎样像个正常人一样和别人说话了。可见，会聊的人一定是一个有话题的人，没有话题怎么能进行一场尽兴的交谈呢？

关心别人最关心的，通常也能很好地打开话匣子。在一个聚会中，我遇到过一个认识的主编，发现她和别人聊得真是热火朝天，原来是对方问到了她的宝贝儿子。当然，像这种聊天的原则是仅限于与利益无关的话题，比如孩子啊，球技啊，等等。如果你问起了项目的中标价或本届选举的内定名单等，那么就会如同问女人的年龄一样，让人讨厌了。

记得有一位名人曾经说过："你说什么样的话，你就是什么样的人。你嘴上爱抱怨，你就会成为'怨女'。你嘴上爱要贱，你就会成为'贱嘴'。你总是说色情笑话，你就会成为色迷迷的怪叔叔……虽然，我们都知道你骨子里可能并不是这样的人。"可见，会聊天的人并不是想到哪儿就说到哪、随意说话的人。

综上所述，可以看出学会与人攀谈、闲聊是多么重要的本领。它可以结交许多的新朋友，扩展你的人际关系，更可以让自己的生活和事业有机会获得延伸。因此学上一招聊天的技能真的非常有用。会聊天绝对是一门艺术，这是一门学校里不教，但工作中又不能不会的必修课。如果你很想成为一个会聊天的人，那么只要你通读本书并掌握书中的聊天技巧，你就定能迅速练就"三寸不烂之舌"，从而变成一个十分健谈的人。那样，你的生活甚至你的人生就会永远不冷场。